수중고고학, 타임캡슐을 건져올리다

해저 보물선에 숨겨진 놀라운 세계사

수중고고학, 타임캡슐을 건져올리다

해저 보물선에 숨겨진 놀라운 세계사

랜달 사사키 글 | 홍성민 옮김
문환석(국립해양문화재연구소) 감수

터키 야시아다(Yassi Adda) 섬 부근에서 침몰된 보물선들에서
대량으로 발견된 고대 항아리, 암포라(Amphora).

수중고고학자에게
참 부러운 나라, 한국

이 책의 한국어판 출간 제안이 있었을 때, 나는 솔직히 조금 놀랐다. 기쁘기도 했지만 동시에 '왜?' 하는 의문이 들었다. 사실 이 책은 수중고고학에 대해 무지한 일본의 젊은 세대에게 수중고고학적 관심과 지식을 주기 위해 쓴 것이기 때문이다. 나는 일본에서 태어났고 미국 대학에서 수중고고학을 공부했다. 일본은 육상고고학에 대해서는 세계적으로 인정을 받고 있는데 수중유적이나 해저 보물선 관련 연구에는 전혀 실적이 없다. 최근 다카시마 해저 유적에서 보존상태가 양호한 중세의 해저 보물선이 발견되기 전까지 일본에게 있어 수중고고학이란 그저 미지의 학문이었다.

일본에서 나고 자란 내가 수중고고학이란 말을 처음 들은 것은 미국의 한 대학에서였다. 수중고고학을 알게 된 후, 나는 이렇게 흥미로운 학문이 일본에서는 왜 알려지지 않았는지 의아했다. 그 이

유는 아마도 이 학문에 대해 소개된 아무런 정보가 없었기 때문일 것이다. 일본에서는 아직까지 수중고고학에 대한 실적이 없고 관련된 해외 정보도 많이 소개되지 않았다.

'다른 나라에서는 널리 알려진 학문이 왜 일본에서는 수중고고학이라는 말조차 들을 기회가 없을까? 이토록 흥미로운 학문을 알리기 위해 내가 할 수 있는 일이 없을까?'라는 고민 끝에 나는 젊은이들을 위한 수중고고학 입문서를 쓰기로 했다. '수중고고학을 알기 쉽게 설명해 알리고 싶다. 이 책을 읽고 많은 이들이 이 학문에 관심을 가졌으면 좋겠다'라는 생각에서 일반인들이 흥미를 갖고 접근할 수 있도록 최대한 쉽게 쓰려고 노력했다.

그런데, 한국의 사정은 일본과는 조금 다르다. 한국은 수중고고학 분야에서 세계적으로 훌륭한 실적을 갖고 있고 조사 체계도 잘 갖춰져 있다. 1970년대에 신안 앞바다에서 보물선이 발견되었고 그 후에도 고려 시대의 선박이 다수 발굴되기도 했다. 현재는 목포시에 해양유물전시관이 건립되어 있고, 국가 정책으로 수중고고학이 잘 정비되어 있다. 최근에는 태안과 마산 근해에서 다수의 보물선이 발견되어 화제를 모으며 더욱 비약적인 발전을 이루고 있다. 수중고고학 연구소도 여러 곳 마련되어 있고, 전용 조사선도 만들어졌다. 한국의 수중고고학은 아시아 전역에서 본보기가 될 만큼 큰 성과를 남기고 있다. 한국은 발굴 보고서도 세계적인 수준으로 발표되는 등 일본을 비롯한 아시아 각국의 연구자들이 수중고고학 연수를 위해 필수적으로 방문하는 곳이다. 일본에서 수중고고학 연구를 활성화시키고 싶은 나로서는 무척이나 부러운 나라가 한국인 것이다. 그런 나라에서 내가 쓴 수중고고학 입문서가 출판되다니!

한국과 일본을 비교했을 때, 수중고고학에 대한 국가 차원의 대처에 차이가 있는 것은 사실이다. 한국어판 출간 소식을 처음 들었을 때 '수중고고학 분야에서 일본의 뒤처진 체제 개선과 일반인의 관심을 불러일으키기 위해 쓴 책을 아시아 최고 수준인 한국에서 출간할 의의가 있을까?'라는 의구심이 든 것도 무리는 아니다. 특히 마음에 걸린 것은 책의 뒷부분이다. 이 부분은 일본 정부와 행정·연구기관에 대한 호소라고 할 수 있는 내용이다. 일본에는 수중문화유산이 많은데 아무도 신경 쓰지 않는 현실에 대해 관심을 갖고 발굴하자는 나의 호소가 한국의 관계자들 입장에서는 웃음거리가 되지 않을까 하는 우려가 앞섰다.

그런데 책을 다시 읽어보고, 또 한국어판 출간을 준비하며 한국을 방문해 연구자와 지인, 친구와 이야기하면서 깨달은 점이 있다.

한국 정부는 수중문화유산의 보호와 수중고고학 연구에 주력하고 있지만 이에 대한 일반인의 이해는 아직 높지 않다는 것이다. 미국 대학에서 알게 된 한국인 친구들에게 "나는 수중고고학을 공부한다"고 하면 대개는 "그게 어떤 학문이냐?"고 묻는다. 그래서 "한국에는 이렇게 멋진 학문이 체계적으로 잘 확립되어 있다"고 설명해줄 때가 많았다. 세계적으로 인정받을 정도로 수준 높은 한국의 수중고고학을 정작 한국 국민들은 잘 모르고 있다.

해외에서는 높은 평가를 받는데 자국민은 거의 관심이 없는 현상은 여러 분야에서 일어난다. 예를 들면, 예술 세계도 그렇다. 어쩌면 한국에서 수중고고학은 그런 존재일지 모르겠다.

그렇게 생각하니 이 책이 한국의 수중고고학 입문자들에게 도움이 될 수 있겠다는 생각이 들었다. 이 책의 내용은 일반인을 대상으로 한 것으로 수중고고학을 전혀 모르는 사람을 위한 책이다. 해외, 특히 세계적으로 유명한 유럽의 수중고고학 사례가 대다수를 차지하고 있어 누구나 재미있게 읽을 수 있다. 내가 마지막장에서 주장한 수중문화유산을 귀중한 자원으로 여겨 효과적으로 활용하자는 주장은 일본과 한국을 비롯한 전 세계에 호소하고 싶은 것이다.

한국에서 이 책이 소개되는 목적과 의의 역시 많은 사람에게 감춰진 수중고고학의 매력을 알리는 것이다. 그것은 어느 나라에서든 중요하다. 한국과 아시아의 수중고고학 현상에 대해 추가하는 것도 고려했지만 그것은 한국의 전문가가 해야 할 일이다.

나의 일은 좀 더 많은 사람에게 이 학문의 매력을 전하는 데 있다. 이 책을 통해 수중고고학에 관심을 갖게 되었다면 다른 책을 통해 한국의 뛰어난 연구 실적을 더 알아보아도 흥미로울 것이다. 한국에는 탁월한 실적을 남긴 연구자가 많다. 이 책은 수중고고학 입문서로 읽고, 수중고고학에 대해 흥미를 갖게 되는 독자라면 이후 깊이를 더한 본격적인 수중고고학서를 찾아 읽어볼 것을 권한다.

한국에서도 수중고고학의 연구가 더욱 활발히 이루어지기를 바란다. 그리고 한국의 독자도 이 책을 통해 한국의 수준 높은 수중고고학 연구에 더욱 관심을 가져주기를 바란다. 이 책으로 많은 이들이 수중고고학에 다가갈 수 있는 계기가 된다면 그보다 더 큰 기쁨은 없을 것이다.

2014년

랜달 사사키

1975년 발견되고 1976~1983년에 발굴된
신안 보물선에서 건져올린 유물들.

해저 보물선이 숨겨둔
역사의 수수께끼를 풀어나가며

얼마 전 출판사에서 한 통의 전화를 받았다. 일본의 저명한 수중 고고학자인 랜달 사사키 박사가 쓴 책에 대한 한국어판 원고의 감수를 부탁하는 내용이었다. 사실 그 전화를 받고 무척 당황했다. '내가 그런 자격이 있을까?' 하는 의구심, '그동안 수중발굴을 하면서 겪은 우리의 이야기를 출간하려다 보류한 상태인데, 이제 일본에 뒤처지게 되었구나' 하는 강박감과 아쉬움 때문이었다. 어찌됐든 맡겨주면 해보겠다는 마음과, 출간을 결심했던 우리 연구소의 수중고고학 책에 대한 논의를 함께하고 싶어 흔쾌히 감수를 맡게 되었다.

바다는 선사 시대로부터 삶의 터전이자 외부로 향한 교류와 소통의 공간이었다. 조운(漕運)과 같은 대규모 운송은 육상보다 강이나 바다를 이용하는 것이 효과적이었으며, 유명한 해상 실크로드는 이런 바닷길을 이용한 대표적인 사례다. 하지만 거친 파도, 숨겨진 암초 등은 인간의 해상 활동에 제약이 되었다. 때문에 바다를 오가는 배들은 조난을 당하거나 좌초되어 침몰되는 경우가 허다했다. 이 외에 지진이나 해일에 의해 도시 전체가 고스란히 물 아래 잠긴 경우도 있었다. 침몰된 해저 보물선과 수중유적은 육상의 매장유적보다 어느 한 시점의 문화상을 온전히 보존하고 있어, 타임캡슐(Time Capsule)과 같은 특성을 지니고 있다. 이와 같이 바닷속에 인간이 남긴 흔적을 연구하는 한 분야로서 학문의 체계를 구축해가는 수중고고학은 아직 바다라는 환경적 제약으로 일반인들이 쉽게 접근하지 못하는 미지의 세계라고 생각된다.

우리나라의 수중발굴은 1970년대 신안 앞바다에서 중국 원나라 시대 무역선이 발견되면서 시작되었다. 이 무역선이 알려진 것은 어부의 그물에 중국 도자기가 올라오면서부터였다. 어부는 도자기를 잘 씻어 집에 보관하였는데, 시골집에 온 동생이 집에 귀한 도자기가 있는 연유를 알고 군청에 신고한 것이다. 하지만 당시 그런 고급 도자기가 바다에서 나올 것이라고는 생각지도 못한 담당자가 그저 보상금을 타려는 수작이라 여기고 신고를 받아주지 않았다. 이후 어찌 알았는지 도굴범에게 신안 해저 유적이 알려지고 몰래 도굴한 유물이 유통되다가 경찰이 도굴범 일당을 검거하는 과정에서 더 많은 유물이 해저에 매장된 사실을 알 수 있게 되었다. 1976년 당시 문화재관리국은 해군의 협조를 받아 수중발굴을 실시했다. 무려 9년이 넘는 장기발굴을 진행하여 세계에서 처음으로 중세 대외 중국 무역선의 실체와 규모를 밝힐 수 있었다.

이 책에도 소개되었지만, 신안 무역선은 어떤 가치로도 환산할 수 없는 어마어마한 유물들을 가득 싣고 있었으며 출항시기, 선적 물품, 화물의 주인 등이 기록된 화물표 등이 발견됨으로써 당시의 교역관계, 항로, 선박크기 등을 밝혀내는 등 학술적인 성과도 컸다. 이 발굴을 계기로 선체에 실려 있던 도자기 등을 보관·전시하기 위해 국립광주박물관이 문을 열게 되었다. 또한 인양한 선체를 보존 처리하기 위해 목포해양유물보존처리장이 만들어져 이후 국립해양유물전시관으로, 2009년에는 국립해양문화재연구소로 발전되었다. 현재 국립해양문화재연구소가 우리나라의 수중발굴, 보존, 전시, 연구의 업무를 전담하고 있다. 또한 2013년부터는 수중발굴 전용선인 누리안호를 갖추어 보다 안전하고 효율적인 수중조사를 수행하고 있다. 우리의 수중발굴 전용선은 아시아에서 첫 번째이며, 세계에서도 프랑스나 미국 같은 선진국만이 가지고 있는 것으로 우리나라는 이로써 한층 더 수중발굴의 강국이 되었다.

이렇게 빠른 속도로 발전한 한국 수중고고학이지만 처음부터 그기반이 탄탄했던 것은 아니었다. 신안선에 대한 해저 발굴 동안 수중유물의 발굴과 인양은 전적으로 해군의 해난구조대(SSU) 대원이 담당하고, 전문 조사원들은 유물을 분류·정리하여 보고서를 집필

하는 정도였다. 고고학자 누구도 물속에 들어가 수중발굴을 하겠다고 나서는 사람이 없었다. 쉽게 말하면, 모두가 '바닷속에서 유물이 나오면 해군의 협조를 받아 발굴하면 되지'라는 안이한 생각을 가지고 있었다.

이런 상황은 2002년 비안도 발굴까지 이어졌지만 이번에는 군사적인 이유로 해군의 도움을 받을 수가 없었다. 이 때문에 나 역시 당시 현장 책임자로서 수중발굴의 경험도, 자격도 없었으나 자체적인 수중발굴단을 꾸려야 하는 절대 절명의 기로에 서 있었다. 이때부터 잠수장비의 확보, 자체 잠수능력 배양 등 수중발굴을 위한 요소 하나하나를 스스로 고민하고 해결하면서 '그래, 한번 해보자' 하는 일념으로 오늘에 이르렀다. 한마디로 무에서 유를 만들듯이 국가조직으로 수중발굴과를 만들어 태안 대섬유적 발굴을 통해 청자 운반선을, 태안 마도 1, 2, 3호선 발굴을 통해 고려 조운선의 규모와 실체를 밝혀냈다. 또한 지금은 진도 오류리 해역에서 최고급 고려청자와 임진왜란 시기에 사용된 무기류들을 발굴·조사하고 있다.

이 책을 집필한 랜달 사사키 박사도 우리 연구소를 여러 번 방문하여, 신안선과 완도선의 보존 처리 후 전시 관리 상태와 관련 자료를 꼼꼼히 조사해갔다. 그때 연구소 안내를 해준 계기로 서로 알게 되어 해외학회에서 같이 발표와 토론도 하면서, 그를 참 열심히 수중고고학에 매진하는 친구라고 생각하게 되었다. 드디어 그가 전

세계의 수중발굴 자료를 정리하여 《해저 보물선에 숨겨진 놀라운 세계사》라는 훌륭한 책으로 선보이게 되었다. 나는 이 책을 검토하면서 감수자로서 무거운 책임을 느꼈고, 더불어 '어떻게 이렇게 쉽게 수중고고학자의 관점에서 세계사를 정리할 수 있을까?' 하는 놀라움도 금할 수 없었다. 분명 저자도 우리나라의 수중고고학을 높이 평가하고 있지만, 수중조사 결과들을 정리하여 함께 공유할 수 있는 계기를 만들었다는 것에 부러움이 크게 다가온다.

이 책에서 랜달 사사키 박사는 보물선이나 수중유적을 통해 역사서에 기록되지 않았던 새로운 사실들을 하나씩 풀어가고 있다. 또한 그 어려운 수중발굴 과정과 발굴 유물의 안전한 보존 처리 과정도 보다 쉽게 정리하여 누구나 알 수 있도록 했다. 이 책을 통해 수중고고학을 처음 접하는 독자들도 수중고고학에 대한 어느 정도의 지식을 쌓을 수 있을 것이며, 체계적으로 정리한 자료는 새로운 분야에 대한 꿈을 키울 수 있는 계기가 되기에 충분할 것으로 생각한다. 단순히 바닷속에서 보물을 찾는 이야기가 아니라, 수중문화유산을 학술적으로 조사하고 보존해야 하는 고고학자의 관점이 잘 드러나는 이 책의 한국어판 출간으로 수중고고학의 저변을 확대하는 계기가 되었으면 하는 마음이다.

2014년, 목포 국립해양문화재연구소에서
문환석

차례

1장 — 대항해 시대와 카리브의 해적

1. 포르투갈의 영광과 쇠퇴

2. 해가 지지 않는 나라, 스페인

2장 — 유럽의 역사를 만든 배들

유럽사의 타임캡슐이 된 해저 보물선들

3장 ─ 보물선으로 새롭게 드러나는 아시아의 역사

1. 중국의 보물선 역사

2. 원나라 몽골군의 종언지, 다카시마 해저 유적

3. 베트남, 몽골 함대를 쫓아라

4장 ── 해저 보물선 발굴 매뉴얼

수중고고학의 3단계

5장 ── 새로운 진실을 찾아서

인류 역사의 수수께끼를 푸는 해저 보물선

해면 채취 잠수부들의 위대한 발견

커다란 금속 헬멧에 기다란 공기 관이 연결된 우주복 같은 잠수복을 입고 바다 밑을 걷는다……. 이렇게 공상과학소설 《해저 2만 리》에나 나올만한 광경이 현실화된 것은 20세기 초였다.

20세기 초는 터키와 그리스의 지중해 바다에서 스펀지의 원료가 되는 해면을 채취하는 잠수부, 일명 스펀지 다이버(Sponge Diver)들이 왕성하게 활동했던 시기다. 스쿠버 다이빙의 보급으로 어렵지 않게 바닷속을 탐색할 수 있게 되기 이전부터 그들은 무거운 장비로 온몸을 무장하고 매일 위험한 바닷속에 들어가 해면을 채취했다.

바닷속에는 상상 이상의 수많은 것들이 잠들어 있다. 대부분은 그저 쓸모없는 쓰레기지만 경우에 따라서는 수백 년, 수천 년 전의 쓰레기인 것도 있다. 해면 채취 잠수부들은 그릇처럼 쓸 만한 '쓰레기'는 건져내어 집에서 사용하고, 청동이나 납은 녹여서 재활용했다.

20세기 초는 하인리히 슐리만(Heinrich Schliemann, 1822~1890, 독일의 고고학자)의 트로이 발굴을 통해 고고학이 막 주목받기 시작한 시대였다. 서양의 지식인들은 조상의 역사와 고대에 사용되었던 도구, 예술에 관심을 갖고 고고학 연구를 시작했다. 하지만 터키의 해면 채취 잠수부들에게 그런 옛날이야기는 그들의 먹고사는 일상과 아무런 상관이 없는 일이었다. 마찬가지로 육상에서의 발굴에만 몰두했던 고고학자에게도 해면 채취 잠수부가 주워온 '쓰레기'는 별다른 관심의 대상이 되지 못했다.

그러나 1900년에 한 해면 채취 잠수부가 그리스의 안티키테라(Antikythera) 섬 인근에서 다비드상과 비슷하게 생긴, 청동으로 된 사람 크기의 인물 조각상을 발견하면서부터 상황은 달라졌다. 이것은 말 그대로 역사를 바꾼 대발견이었다.

안티키테라 섬에서 발견된 청동상은 순식간에 고고학자들의 관심을 불러 모았다. 그것은 기원전 70~60년경에 만들어진 것으로 추측되었다. 고고학자들은 해면 채취 잠수부를 고용해 주변 해역의 탐사를 시작했고 청동상이 실려 있던 배가 바다 밑에 존재할 가능성이 높다고 판단했다. 이렇게 해서 역사상 처음으로 잠수부를 동원한 해저 보물선의 발굴 작업이 시작되었다. 해면 채취 잠수부들은 실제로 바닷속에서 보물선을 발견했고 다양한 유물을 가지고 돌아왔다.

그 중 가장 유명한 유물이 '안티키테라 기계(Antykythera Mechanism)'이다. 이것은 놀랍게도 천체의 움직임을 계산하기 위해 만든 세계에서 가장 오래된 아날로그 컴퓨터로, 30개가 넘는 청동으로 된 톱니바퀴를 이용해 날짜를 비롯한 태양과 달의 위치, 일출 시간을 측정할 수 있었다. 행성의 이름이 새겨져 있는 점으로 보아 행성의 위치를 나타낼 수 있었던 것으로 여겨진다. 기원전 2~1세기에 아르키메데스(Archimedes, BC 287~212, 고대 그리스의 수학자, 물리학자)와 키케로(Marcus Tullius Cicero, BC 106~43, 고대 로마의 철학자, 정치가)가 천체 관측용 기계에 대해 언급한 기록은 남아 있지만 현존하지 않았다. 그런데 이 발견으로 그 존재가 최초로 증명된 것이다.

안티키테라 섬 앞바다의 보물선에서는 그 외에도 많은 유물이 발견되었는데 정작 배의 크기나 선원의 수, 국적 등은 전혀 알 수 없었다. 왜냐하면 고고학자는 배 위에서 지시만 내릴 뿐이고 실제로 유물을 회수한 것은 해면 채취 잠수부들이며 그들의 이야기를 통해 대략적인 회수 위치를 기록한 것이 조사의 전부였기 때문이다. 그러므로 이때는 이름뿐인 고고학에 불과했고 학자들은 유물을 회수하는 잠수부들에게 애써 고고학을 가르칠 필요가 없다고 생각했다.

안티키테라 섬 앞바다의 해저 보물선 발굴은 세계에서 그 유례를 찾아볼 수 없는 유물의 발견으로 미지의 세계나 다름없던 '해저 유적의 발굴'이라는 위업을 이루었다. 하지만 해면 채취 잠수부들은 안티키테라 섬 앞바다에서 보물선을 발굴하는 한편, 근해에서 발견한 귀중한 유물인 로마 시대의 닻을 건져내어 녹인 후 자신들의 다이빙 웨이트로 써버렸다. 그들에게 고고학의 기본지식만이라도 제대로 가르쳤다면 역사를 바꾸는 발견의 기회는 더욱 많았을 것이다.

고고학은 유물의 발굴 위치와 출토 상황을 정확히 기록하고 역사 속으로 사라진 조상들의 생활과 모습을 재구축하는 학문이다. 발굴 대상이 수중 난파선이라도 다르지 않다. 배가 가라앉아 있던 위치를 비롯해 유물이 배의 어느 부분에서 어떤 상태로 발견되었는지에 따른 기록에 의해 유적의 해석은 완전히 달라진다. 그러나 안티키테라 섬 보물선의 경우는 아쉽게 유물을 회수하는 정도로 그쳤다. 만일 그 출토 위치가 정확히 기록되어 있었다면 오늘날 다시 그 주변을 더욱 자세히 발굴하여 안티키테라 기계의 파손된 나머지 부품도 발견했을지 모른다. 그러나 안타깝게도 이 발굴에서는 유물 자체 외에는 더 이상의 가치를 발견하지 못해 보물선에 남겨진 역사를 발견할 수 없었다.

1950년대 스쿠버 다이빙이 일반화되면서부터 세계 각지에서 해저 보물선이 발견되었다. 보물선의 유물들은 대부분 다이버들에 의해 암시장에서 팔려나갔다. 그런데도 고고학자가 직접 바닷속에 들어가 조사하고 발굴한다는 발상은 아무도 하지 못했다. 유물의 상세한 위치관계를 나타내는 기록이 없다면 '고고학'이라고 말할 수 없다. 그렇기 때문에 육상의 발굴과 똑같은 작업을 할 수 없는 상태의 수중발굴은 '고고학'으로 간주하지 않았다.

그러나 극소수의 고고학자에 의해 수중고고학의 문이 열리기 시작했다. 그 시작은 미국의 조지 배스(George Bass)를 필두로 하는 발굴팀이 지중해에서 발굴한 청동기 시대의 해저 보물선인 케이프 겔리도냐(Cape Gelidonya)호였다.

나는 운 좋게도 '수중고고학의 아버지'로 불리게 된 조지 배스 박사의 마지막 수업을 들은 학생들 중 하나였다. 그는 해저 보물선 발굴과 조사를 학문으로 실현하여 2001년 미국 국가과학상을 수상했다. 그가 세계 최초로 수중고고학 전문 프로그램을 설립한 텍사스 A&M대학교는 현재도 수중고고학의 명문으로 알려져 있다. 나는 배스 교수 밑에서 수중고고학을 공부했고 지금은 그가 설립한 연구소의 연구원으로 아시아 보물선을 연구 중이다. 그런 내게 '수중고고학자 조지 배스의 탄생' 에피소드는 말로 표현할 수 없을 만큼 흥미로운 것이었다.

케이프 겔리도냐호의 발굴도 해면 채취 잠수부들이 계기가 되었다. 해면 채취 잠수부들의 침체기였던 1950년대 후반, 미국인 저널리스트 피터 드록모튼(Peter Throckmorton)은 잠수부들에 대한 다큐멘터리 영화를 제작하기 위해 터키 남부를 찾았다. 그는 취재를 위해 해면 채취 잠수부들의 집을 방문했는데 가난한 그들의 집에 고대 그리스 시대의 유물이 놓여 있는 것을 보고, 그 물건의 입수 과정을 조사하게 되었다. 풍부한 경험을 가진 항해사이자 스쿠버 다이버였던 그는 해면 채취 잠수부들과 함께 바닷속에 들어가 많은 해저 보물선의 위치를 파악하고 각각에 대해 간단한 기록을 남겼다. 그는 이 보물선들에 대한 고고학 조사가 이루어지지 않는 것에 의문을 품었다. 그리고 본격적인 조사를 시작하기 위해 고고학자 파트너를 찾기로 했다.

미국으로 돌아온 드록모튼은 고고학에 권위가 있는 펜실베이니아대학을 찾아가 해저 보물선 조사에 대한 이야기를 꺼냈다. 예상대로 해저 보물선을 전문으로 연구하는 고고학자는 없었지만 대학 측은 당시 청동기 시대 교역을 연구하던 26세의 대학원생, 조지 배스를 그에게 소개했다. 드록모튼은 배스에게 해저 보물선 기록을 보여주며 함께 조사해보지 않겠느냐고 제안했다. 배스도 마침 고고학자들이 왜 직접 바닷속에 들어가 조사하지 않는지 의문을 갖고 있었던 터라 수중에서도 육상의 유적과 같은 수준으로 발굴할 수 있을 것이라고 믿고 흔쾌히 제안에 응했다.

배스는 '고고학자가 수중에서 모든 작업을 직접 진행하는 것'에 중점을 두었다. 수중에서든 육상에서든 '고고학'의 기본은 다르지 않다. 그런데 수중에서 발굴하기 위해서는 반드시 잠수 기술을 익혀야 한다. 고고학자들은 잠수 기술에 대해 부담을 갖기도 했다. 하지만 잠수는 경험을 쌓으면 잘할 수 있다. 실제로 배스도 수중발굴을 시작하기 전까지 잠수 경험이 전혀 없었다. 그런데 잠수부를 고고학자로 키우기는 어렵지만 고고학자가 잠수를 배우는 것은 그다지 어려운 일이 아니다. 고고학자를 키우는 데는 시간이 걸릴 뿐 아니라 타고난 소질도 필요하기 때문이다. 이렇게 해서 1960년에 드록모튼과 배스는 이제 막 잠수 기술을 익힌 숙련된 고고학자 몇 명과 함께 터키의 바다로 향했다.

배스는 드록모튼의 기록 중 보존 상태가 좋고 해면 채취 잠수부가 쉽게 다가갈 수 없는 해역의 보물선을 선택했다. 청동기 시대의 것으로 추측된 이 보물선은 그 지역의 이름을 따서 '케이프 겔리도냐호'라는 이름이 붙었다.

케이프 겔리도냐호가 침몰되어 있던 곳은 터키 서남부에서도 인구가 적은 곶(岬)의 절벽 부근이었다. 인근 마을에서 유적까지 오가는 것은 비효율적이기 때문에 샘이 있는 근처 바닷가에 캠프를 설치하고 조사본부로 정했다. 이 바닷가로는 배를 통해 갈 수밖에 없었다. 일주일에 한 번, 인근 마을로 생필품 등을 구입하러 가는 것 외에는 외부세계와 격리된 환경 속에서 두 달 가까이 작업이 계속되었다.

기원전 1200년경 침몰된 것으로 추측된 케이프 겔리도냐호에서는 선원이 먹은 올리브의 씨, 비스킷, 천, 밧줄 등 다양한 유물이 발견되었다. 특이한 것은 '보울라인 매듭'을 지은 밧줄이 발견되었는데, '보울라인'은 뱃사람이라면 꼭 알아두어야 할 '매듭의 왕'으로 불리는 매듭법으로, 이미 3,000년 전 뱃사람들도 이 방법을 사용했다는 놀라운 사실이 드러난 것이다.

배에 실은 화물 밑에는 잔 나뭇가지 등이 많이 쌓여 있었는데 아마 짐을 싸는 데 사용되었을 것이다. 호메로스(Homeros, BC 800~BC 750)의 서사시 〈오디세이〉에도 배 안에 나뭇가지를 까는 모습이 묘사되어 있다. 이런 유기(有機) 유물은 특별한 경우를 제외하고 육상에서는 거의 발견할 수 없다. 유기 유물의 보존에 적합한, 수중이라는 환경에서만 가능한 발견이었다.

케이프 겔리도냐호의 발굴은 고고학 역사에 어떤 영향을 미쳤을까. 배스는 이렇게 분석했다.

"케이프 겔리도냐호의 발굴에서 특별히 새로운 것은 전혀 없다."

다이빙이 일반화되기 시작했던 당시, 유물은 이미 다이버들에 의해 인양되어 케이프 겔리도냐호의 발굴도 작업 자체는 이전과 크게 다를 바 없었다. 발굴·기록 작업도 육상에서의 고고학 순서를 수중으로 옮긴 것 뿐이었다.

케이프 겔리도냐호의 진짜 성과는 고고학자가 최초로 직접 물속에 잠수해 육상에서와 똑같은 기준으로 발굴했다는 사실에 있다. 이후 고고학자들은 차츰 다른 해저 보물선을 발굴하게 되었다.

배스는 이렇게 덧붙였다.

"케이프 겔리도냐호는 수중고고학의 본격적인 시작을 알리는 신호탄이었다. 그리고 그 이상의 해저 보물선 발굴이 지중해 역사의 해석을 전환시키는 계기가 되었다."

고고학자가 직접 바다에 들어간 결과 육상에서처럼, 또는 그 이상으로 정밀한 기록을 남길 수 있었고 그로 인해 당시 생활 모습을 생생하게 재현할 수 있었다. 그럼으로써 종래 예상했던 무역의 구조와는 다른 새로운 역사적 사실이 증명되었다.

1960년대 당시의 고고학계와 역사학계는 청동기 시대(BC 1200년경)의 지중해 무역은 그리스와 미케네 문명(그리스 문명 이전에 펠로폰네소스Peloponnesus 반도에서 꽃피웠던 문명)이 독점했다고 여겼다. 시리아, 팔레스티나, 이집트 일대에서 미케네 문명의 토기를 비롯한 유물이 많이 발견되었기 때문이다.

조지 배스도 발굴 중에는 케이프 겔리도냐호 역시 그리스에서 온 배라고 생각했다. 그러나 발굴이 진행되면서 그 생각은 바뀌기 시작했다.

선체는 거의 남아 있지 않았지만 유물의 확산 상태 등으로 추측했을 때 선체의 길이는 약 10m였던 것으로 추정되었다. 주요 유물은 선체 중앙에 실은 동(銅)의 단괴였다. 청동의 원료가 되는 이것은 이후 분석 결과 키프로스 섬에서 나는 동으로 판명되었다. 마찬가지로 청동의 원료가 되는 주석도 소량 발견되었다. 또, 다수의 청동제 도구도 발견되었는데 대부분 파손되었거나 작은 조각들이었다. 이들 조각을 맞춰보았지만 서로 일치하는 것은 없었다. 즉, 파손된 청동 그릇은 처음부터 그 상태로 배에 실렸던 것이다.

한편, 파손되지 않은 청동 도구류는 선미(船尾) 부근에서만 발견되었는데 선원들이 사용했던 것으로 추정된다. 선미 부근에서는 청동으로 된 용기를 만드는 거푸집과 낚시에 사용되는 도구, 그물을 던질 때 추로 사용되었던 납도 발견되었다. 이 작은 배에서는 당시 교역과 거래에서 사용되던 저울 추도 여러 개 발견되었다. 추의 중량은 시리아나 이집트에서 이용되었던 단위와 일치했다. 이 배는 동지중해의 여러 지역에서 물고기를 잡고 동과 청동용기의 파편을 모아 재활용하면서 이 항구에서 저 항구로 항해했을 것이다.

〈오디세이〉에는 국가 간의 무역과 큰 사건만 그려질 뿐 일반인은 등장하지 않는다. 케이프 겔리도냐호 보물선은 고고학적 증거를 바탕으로 문헌에는 등장하지 않은 무역망의 존재를 증명했고, 이것은 역사학자들에게 '실제로 지중해에서 왕성하게 이루어졌던 것은 국가 간 무역활동이 아닌 케이프 겔리도냐호 같은 개인 무역이 아니었을까' 하는 새로운 방향성을 제시했다.

이 배에서 당시 무역의 주역이었던 그리스의 추는 발견되지 않았다. 개인 소지품도 거의 시리아나 팔레스티나에서 사용되었던 것들이었다. 바구니는 중근동(中近東, 중동과 유럽에 가까운 아시아 지역—옮긴이), 기름 램프와 원통형 도장은 시리아와 팔레스티나제로 추측되었다. 벌레를 본뜬 아름다운 공예품인 스카라베(Scarab)도 발견되었는데, 이집트산이 아니라 팔레스티나에서 만든 유사품(위조품)으로 보였다. 그리스나 미케네 문명과는 관계가 먼 선원들의 개인 소지품이 당시 고고학계와 역사학계의 상식을 뒤집은 것이다.

결론적으로 케이프 겔리도냐호는 그리스가 아니라 시리아나 팔레스티나 지방의 배일 것으로 추정되었다. 이로 인해 배스는 종래의 미케네 중심이 아닌 페니키아인 등 시리아나 팔레스티나 사람들을 중심으로 한 무역 활동의 존재를 주장했다.

케이프 겔리도냐호 발굴로부터 24년 후, 기원전 1300년경의 난파선 울루부룬(Ulu Burun, 터키의 울루부룬 앞바다에서 발견되었다—옮긴이)이 발견되었다. 세계에서 가장 오래된 이 보물선의 발굴이 배스의 가설을 뒷받침해주고 있다. 현재 청동기 시대의 무역을 연구하는 학자 가운데 미케네 문명 중심의 무역을 주장하는 사람은 아무도 없다.

케이프 겔리도냐호는 고고학자가 직접 발굴함으로써 해저 보물선의 연구가 역사에 새로운 해석을 부여할 수 있음을 최초로 증명했다.

나는 널리 알려지지 않은 흥미진진한 수중고고학의 세계를 일반인에게 알기 쉽게 소개하기 위해 이 책을 썼다. 1장에서는 유럽, 세계를 바꾼 대항해 시대의 주역을 국가별로 알아보고 2장에서는 대항해 시대 이전의 유럽의 항해 역사, 3장에서는 현재 연구가 진행 중인 해양사를 지역별로 소개한다. 물론 주인공은 각 에피소드에 관련된 해저 보물선의 수중유적이다. 4장과 5장에서는 수중고고학의 방법론과 가능성에 대해 설명했다. 이 책을 통해 보다 많은 사람들이 바닷속에 고요히 잠들어 있는 흥미로운 보물들과 역사적 진실에 대해 더 많은 관심을 갖게 되기를 간절히 바란다.

1장

대항해 시대와
카리브의 해적

세계지도

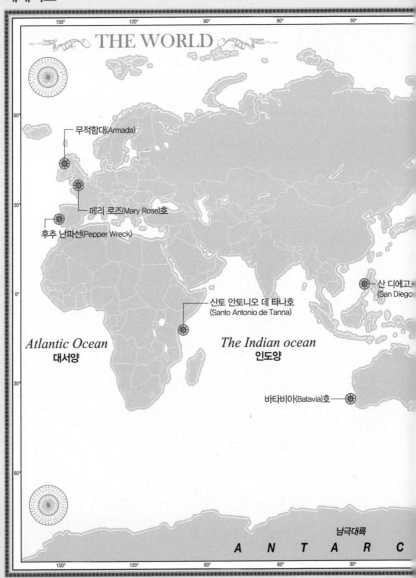

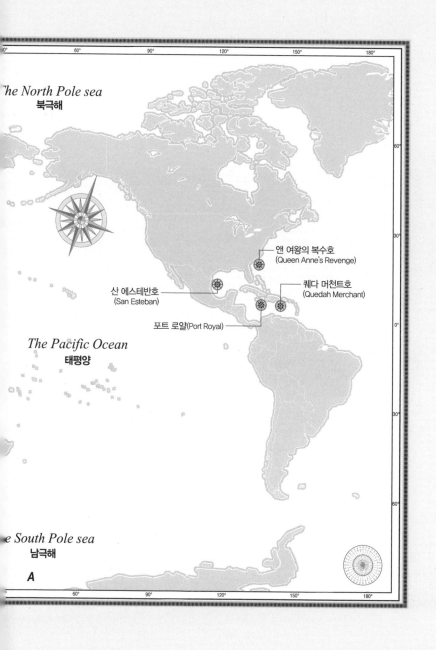

The North Pole sea
북극해

The Pacific Ocean
태평양

앤 여왕의 복수호
(Queen Anne's Revenge)

산 에스테반호
(San Esteban)

퀘다 머천트호
(Quedah Merchant)

포트 로얄(Port Royal)

e South Pole sea
남극해

A

19세기 동판화에 새겨진 콜럼버스의 함대.
핀타호, 니냐호를 이끈 산타마리아호는 1492년 8월 스페인의 팔로그 항을 떠났다.

1

포르투갈의 영광과 쇠퇴

포르투갈의 수도 리스본은 이베리아 반도 서쪽 끝에 위치한 지리적 이점 덕에 고대부터 그리스인에게 항구로 애용된 오랜 역사를 가진 도시다. '대항해 시대'로 불리는 15~17세기경 리스본은 유럽에서 손꼽히는 항구로 크게 발전했다. 대서양으로 이어지는 웅대한 테주(Tejo) 강(스페인어로는 타호 강) 하구에 아름다운 도시가 펼쳐지고, 넓은 하구에는 현재 유럽에서 가장 긴 바스코 다 가마교(橋, 총 길이 17.2km)가 세워져 있다.

1994년 테주 강 하구를 조사하던 리스본 국립박물관 고고학팀은 대서양 쪽으로 살짝 들어간 수심 10m 해저에서 보물선 한 척을 발견했다. 17세기 경에 난파해서 침몰한 배로, 해저에 널려 있던 널빤지 잔해로 짐작했을 때 배의 길이는 40m 정도로 추정되었다.

일본인 미겔의 수난

이 보물선에 대한 발굴 조사가 본격적으로 시작된 것은 1996년으로 조사를 시작하자마자 깜짝 놀랄 만한 것이 발견되었다. 해저한 곳에 엄청난 양의 후추가 마치 모래 위에 깔아놓은 것처럼 빼곡하게 쌓여 있었던 것이다. 가장 많이 쌓여 있던 곳은 그 두께가 35cm나 되었다. 이후 이 배는 '후추 난파선(Pepper Wreck)'이라는 별명으로 불리게 된다.

발견된 것은 후추만이 아니었다. 생강, 시나몬, 클로브(정향나무의 꽃봉오리를 따서 말린 향신료—옮긴이), 육두구(월계수 나무와 비슷한 나무열매의 일종. 향미료로 사용—옮긴이) 등의 향신료와 금으로 된 비즈, 산호 장식품, 선원들이 쉬는 시간에 사용했던 것으로 보이는 게임용 말도 발견되었다. 일본제와 중국제 도자기도 나왔는데, 특히 중국제 도자기는 명나라 만력제(万曆帝, 1573~1620) 시대에 만들어진 고급품으로 확인되었다. 후추는 인도와 수마트라산이고, 클로브와 육두구는 인도네시아의 몰루카 제도에서 재배된 것이었다. 이것은 이 배가 인도, 중국, 동남아시아 전역에서 폭넓게 교역했던 배라는 사실을 암시한다.

오늘날 귀중한 보물이 된 역사적 수많은 유물들의 발굴과 조사로 이 배의 진짜 이름은 '순교자의 성모'라는 의미인 '노싸 세뇨라 도스 마르티레스(Nossa Senhora dos Martires)호'임이 밝혀졌다. 기적적으로, 다른 장소에 이 배에 관한 기록이 남아 있었던 것이다.

노싸 세뇨라 도스 마르티레스호는 인도와 포르투갈을 왕복했던 상선이다. 배의 형식은 포르투갈어로 '나오(Nao)'라 불린 캐럭(Carrack)선의 일종으로 추정된다. 캐럭선은 15세기 이후에 만들어져, 3개의 돛을 가진 전체적으로 땅딸막한 범선으로, 배수량(크기)은 200~1,000t 정도다. 이 배는 대항해 시대에 활약한 배로도 유명한데 바스코 다 가마(Vasco da Gama, 1469~1524, 포르투갈의 항해자)가 탔던 성 가브리엘(St. Gabriel)호', 콜럼버스가 탔던 산타마리아(Santa Maria)호 등이 전부 캐럭선이었다고 한다. '후추 난파선'인 노싸 세뇨라 도스 마르티레스호는 길이가 40m이므로 대형 캐럭선에 해당된다. 선원 수는 약 150명이며 승객을 포함해 최대 800명까지 승선할 수 있었던 것으로 추정된다.

기록에 의하면 이 배가 난파된 것은 1606년 9월 14일의 일로, 인도에서 돌아가던 중 포르투칼의 리스본에서 폭풍우를 만나 항구를 불과 200m 앞두고 침몰한 것으로 보인다. 배에 타고 있던 200여 명의 승선자가 사망했고 대부분의 짐은 물에 휩쓸려갔는데, 특히

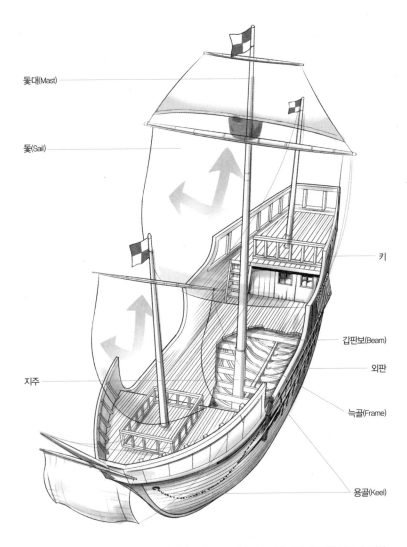

돛대(Mast)

돛(Sail)

키

갑판보(Beam)

외판

지주

늑골(Frame)

용골(Keel)

캐럭선의 예. 돛은 옆으로 긴 횡돛이고 후미의 돛대에는 조작성을 높이기 위해 삼각돛을 달았다. 연대에 따라 구조재가 다르지만 세로로 지나는 용골, 가로로 지나는 늑골, 갑판보가 배의 기본적인 구조라는 점은 지금도 다르지 않다.

대량의 후추가 해안을 새까맣게 뒤덮었다고 한다. 싣고 있던 짐은 모두 포르투갈 왕가의 소유물이었기 때문에 왕은 국가가 회수할 때까지 해안에 밀려온 짐을 함부로 습득하지 않도록 명령했다. 하지만 후추를 비롯한 귀한 물건들을 얻기 위해 많은 사람들이 해안으로 몰려들어 북적거렸다고 한다.

사실 이 배에는 미겔(세례명으로 추정되며 본명은 알 수 없다)이라고 불리는 일본인도 타고 있었다. 프란시스코 로드리게스(Fransisco Rodrigues)라는 사제와 함께 유럽으로 향했던 것 같은데, 사제 로드리게스는 일본어를 포르투갈어로 해설한 최초의 사전인 〈일포사전 日葡辭書〉(1603~1604, 나가사키에서 발행―옮긴이)의 편찬자 중 한 명으로 유명하다.

1606년이라면 세키가하라 전투(關ヶ原の戰, 1600년 도쿠가와 이에야스의 동군과 이시다 미쓰나리의 서군이 천하제패를 판가름내기 위해 세키가하라에서 싸움을 벌였고, 그 결과 동군의 승리로 끝났다―옮긴이)로부터 불과 6년이 지났을 때다. 그런 시대에도 이름 없는 한 일본인이 머나먼 서유럽 끝에 위치한 포르투갈까지 이동했다니 놀랍기만 하다.

미겔은 어떤 인물이었을까? 주인선(朱印船, 쇼군의 붉은 도장이 찍힌 해외 도항 허가장을 얻어 외국과 통상을 하던 무역선―옮긴이) 무역으로 태국의 아유타야 근처로 도항해 그 후 동남아시아에 정착한 상인일까, 아니면 신앙을 찾아 은밀히 해외로 건너간 기독교인일까? 기록이 남아 있지 않을 뿐, 어쩌면 미겔 외에도 많은 일본인이 이렇게 해외로 건너갔을지 모른다.

미겔은 이 배에서 탈출해 무사히 포르투갈 땅을 밟을 수 있었는데, 그 후 일본으로 돌아가는 길에 중국에서 병사했다고 전해진다. 노싸 세뇨라 도스 마르티레스호에서는 일본도(日本刀)의 날밑(칼날과 칼자루 사이에 끼우는 장신구―옮긴이)도 발견되었는데 이것은 어쩌면 미겔의 소지품이었을지도 모른다. 어쩌면 서서히 바다 밑으로 가라앉기 시작한 배에서 미겔이 급히 탈출하던 도중 칼을 떨어뜨렸던 것은 아닐까?

후추 난파선에서 발굴된 유물은 보다 많은 진실을 말해준다. 특히 난파선 잔해로부터 선체를 추정하는 선체 복원 시뮬레이션 결과, 16~17세기경 포르투갈 배의 형태를 보다 정확하게 판명할 수 있었던 공적은 실로 크다고 할 수 있다.

심지어 포르투갈에서조차 이 시기 배의 형태에 대한 자료가 많이 남아 있지 않다. 1755년에 일어난 리스본 대지진과 화재(1755년 11월 1일 만성절 오전에 지진이 일어났는데 현대 과학자들은 당시의 지진이 리히터 지진계 기준 진도 9정도였을 것으로 추측하고 있다. 솟은 불길이 6일간이나 이어지며 수많은 사상자와 도시 건물 85%가 파괴되는 대참사로 이어졌다―옮긴이)로 도시는 큰 피해를 입었고 그로 인해 많은 기록과 문헌이 소실되었기 때문이다. 이 재해로 당시 리스본 인구 27만 명 중

6~10만 명이 사망했다고 한다. 그래서 배의 모양을 보려면 차라리 일본에 현존하는 남만병풍(南蠻屛風, 모모야마 시대桃山時代, 1574~1600 부터 에도 시대江戶時代, 1603~1868 초기에 이루어진 포르투갈인의 내항과 풍속을 그린 병풍의 총칭—옮긴이)이 역사자료로써 더 높은 가치를 인정받고 있다. 특히 나가사키에 입항한 포르투갈 배를 그린 가노 나이젠(狩野內膳, 1570~1616, 화공)의 〈남만병풍〉(1600년경)은 연구자

가노 나이젠 〈남만병풍〉(일부). 포르투갈, 스페인 등 서양과의 무역 활동이 그려져 있어 당시를 보여주는 자료로 세계적인 주목을 받고 있다. (고베시립박물관 소장)

들 사이에서 배의 상세한 부분을 정확히 전달하는 그림으로 알려져 있다. 포르투갈에서는 그보다 중요한 자료들이 지진과 화재로 송두리째 소실된 것이다.

후추 난파선은 '대항해 시대'를 현실감 있게 되살려 놓아 우리에게 놀라움과 흥분이라는 선물을 안겨주었다. 지식으로 존재했던 대항해 시대의 역동감이 보물선의 유물과 선체를 통해 우리에게 고스란히 전해져 온다.

대항해 시대의 선봉대 포르투갈

대항해 시대란 무엇일까.

'15~17세기 전반에 걸쳐 포르투갈과 스페인 등의 유럽 국가가 적극적으로 원양 항해와 탐험을 시도하여 인도양과 대서양에서 신항로, 신대륙을 발견한 시대.' 일반적으로는 이와 같이 설명할 수 있다.

대항해 시대의 선두를 장식한 것은 포르투갈이었고 그 뒤를 이은 나라가 스페인이었다. 포르투갈과 스페인은 모두 이베리아 반도에 위치한 나라로, 이 두 나라가 대항해 시대를 이끌게 된 데에는 역사적인 이유가 뒷받침된다. 당시 두 나라는 14km밖에 안 되는 지브롤터 해협을 끼고 이슬람권(아프리카 대륙)에 접해 있는 이베리아 반

도의 신생국이었다. 그리고 그 젊음 때문에 더욱 더 신대륙을 갈망
하게 되었다.

8세기 초 이후에는 이베리아 반도의 대부분 지역이 이슬람 세력
의 지배하에 놓이게 되었다. 하지만 이곳은 기원전부터 로마 제국
이 통치했던 지역으로 많은 기독교인들이 살고 있었다. 이웃 기독
교 국가로서는 이교도에게 땅을 빼앗기는 것은 용납할 수 없는 일
이었다. 이렇게 해서 시작된 것이 레콘키스타(Reconquista), 즉 기독
교의 국토회복운동으로 이후 기독교 세력은 이베리아 반도에서 이
슬람 세력을 몰아낸다. 이러한 국토회복운동은 이슬람 세력에 정복
된 지 800년 후인 1492년에야 완결된다. 마지막까지 남아 있던 그
라나다 왕국의 알람브라 궁전이 함락되면서 이베리아 반도는 이후
기독교 국가가 지배하게 되었다.

포르투갈과 스페인도 이런 반도 탈환 과정에서 탄생한 국가다.
포르투갈 왕국은 1143년, 스페인 왕국은 1479년에 건국했다. 포르
투갈은 스페인보다 200년쯤 앞선 13세기 중반에 국내 레콘키스타
를 완성시킨다. 그만큼 스페인보다 빨리 새로운 사업에 착수할 수
있었지만 신흥국인 포르투갈은 아직 소국에 불과했다. 왕실의 권력
을 강화하기 위해서는 항구적인 재원이 필요했고, 가능하면 영토도
확대해야 했다. 그래서 포르투갈은 바다 밖으로 눈을 돌리게 된다.

포르투갈의 해외 진출의 계기가 된 것은 1415년, 지브롤터 해협

을 사이에 두고 마주보는 교통의 요충지 세우타(Ceuta) 공략이었다. 포르투갈은 200척이 넘는 크고 작은 함선과 50,000명의 병력으로 이슬람교도의 도시인 세우타를 공격해 점령한다. 이 싸움에서 공적을 세운 것이 나중에 '항해 왕자 엔리케'로 불리게 되는 포르투갈의 왕자였다. 아프리카 북부의 도시 세우타를 정복하는 과정에서 엔리케는 아프리카 서해안 탐험에 마음을 빼앗긴다. 그는 아마 '아프리카 대륙의 서해안을 따라 남쪽으로 내려가면 어디에 다다를까……' 하며 꿈에 부풀었을 것이다.

마법의 조미료를 찾아서

포르투갈은 해외로 눈을 돌린 당초부터 해상무역의 가능성을 모색했다. 목표로 삼은 주요 거래품은 후추, 육두구, 클로브 등의 향신료다. 향신료는 당시 유럽에서 같은 무게의 은과 교환될 만큼 귀한 물건으로, 많은 사람이 원하는 최고의 인기 상품이었다.

유럽 사람들이 그토록 향신료를 원했던 이유는 그들의 식생활과 밀접한 관계가 있다. 유럽 국가들은 대부분 고위도에 위치해 있기 때문에(런던의 위도는 북위 51도로 캄차카 반도와 거의 같다) 한랭한 기후 요소로 밀농사 외에는 만족스러운 곡물 재배가 불가능했다. 그래서 소나 돼지 같은 가축을 많이 키워야만 했다. 겨울에는 먹을 것이 줄기 때문에 가을에 가축을 도축해 고기를 소금에 절여 봄까지 먹었다. 하지만 아무리 날씨가 추워도 소금에 절인 고기는 시간이 지날수록 부패했고 그들은 생존을 위해 썩은 고기라도 먹을 수밖에 없었던 것이다.

그런 유럽인들이 후추와 육두구 같은 향신료를 접하게 된 것은 10세기 십자군 원정 이후부터다. 지중해 해안에서 이슬람 상인과의 교역이 활발해지고 그로 인해 육로를 통해 인도 등의 아시아 지역에서 운반된 향신료가 유럽에도 보급된 것이다.

후추와 육두구 등의 향신료에는 항균·살균 작용이 있을 뿐만 아니라 상한 고기에 뿌리면 역한 냄새까지 감춰주어 맛있게 먹을 수 있었다. 유럽인에게 갑자기 등장한 향신료는 그야말로 마법의 조미료였다. 하지만 이들 향신료는 한랭한 지역에서는 재배할 수 없다. 앞서 말한 대로 후추는 인도와 수마트라가 원산지이고 육두구, 클로브는 인도네시아에서 재배된다. 그렇기 때문에 십자군 원정 이후 이슬람 상인과 접촉이 있는 이탈리아의 베네치아, 제노바 상인들이 향신료를 중심으로 한 동방무역을 독점해 엄청난 부를 이루게 된 것이다.

국력 발전을 위해 해외로 눈을 돌린 포르투갈도 당연히 향신료 무역을 염두에 두었을 것이다. 하지만 당시 아시아를 상대하는 지중해 무역은 사실상 베네치아와 제노바 상인이 독점하고 있었기 때문에 뒤늦게 끼어들 여지는 없었다. 그래도 향신료를 얻고 싶다면 지중해를 통하지 않고 직접 인도로 가는 방법이 있었다. 만일 인도에서 직접 향신료를 사들일 수 있다면 이슬람 상인이 가져가는 중간 마진을 생략할 수 있기 때문에 막대한 부를 손에 넣을 수 있는 좋은 방법이었다. 이렇게 해서 포르투갈은 항해 왕자 엔리케의 지원을 받아 인도로 이어질지 모를 항로를 찾아서, 무작정 아프리카 대륙의 서해안을 남하하기 시작했다.

바르톨로뮤 디아스와 바스코 다 가마, 미지의 바다로

포르투갈에서 바다를 따라 인도양으로 나가려면 아프리카 대륙 남쪽을 크게 우회하는 수밖에 없다. 오늘날의 세계지도를 알고 있는 우리는 곧바로 그렇게 판단할 수 있다. 그러나 지구가 둥근 공 모양이라는 사실은 물론이고 아프리카라는 대륙의 존재조차 까맣게 몰랐던 15세기 유럽인들에게 아프리카 대륙의 서해안을 남하하는 항해는 목숨을 건 대모험이었다.

북위 26도 7분, 카나리아 제도에서 남서쪽으로 240km. 지금의 서사하라에 보자도르 곶(Cape Bojador)이 있다. 대항해 시대에 이곳은 '돌아올 수 없는 곳'으로 불리며 선원들이 극도로 두려워하던 공포의 지역이었다. 여기서부터는 바닷물이 펄펄 끓어올라 더 이상

남하하게 되면 사람과 배가 순식간에 불타버린다고 생각했던 것이다. 그래서 당시에 보자도르 곶은 넘어가면 안 되는 '금지된 영역'이었다. 지금 생각하면 적도를 향해 남하하는 것이므로 기온과 수온이 올라가는 것은 지극히 당연한 현상이다. 하지만 그 당시 선원들은 그것을 바닷물이 끓어오른다고 생각했다. 가끔 눈에 띄는 연안의 주민들의 피부가 까만 것도 부글부글 끓어오르는 바닷물에 데었기 때문이라고 굳게 믿었다.

이 미신을 깨고 곶을 넘기까지는 십수 년이 걸렸다. 그 후 포르투갈 선원들은 각종 미신, 아프리카 원주민과 줄곧 싸우면서 점차 남쪽을 향해 내려갔고, 마침내 1488년에 항해사 바르톨로뮤 디아스(Bartolomeu Dias, 1450~1500)가 아프리카 대륙 남단의 희망봉에 도착했다.

디아스의 위업을 이어, 희망봉을 돌아 최초로 인도에 발을 디딘 이가 바스코 다 가마(Vasco da Gama, 1460~1524)다. 바스코 다 가마는 1497년 7월에 13척의 함대를 이끌고 리스본을 출항했다. 같은 해 11월 하순에는 희망봉을 돌아 상륙과 항해를 계속하면서 아프리카 대륙의 동해안을 북상했다. 이 지역은 이미 이슬람 상인들이 상권을 잡고 있었다. 그래서 바스코 다 가마는 해로를 잘 알고 있는 아랍인 항해사를 고용해 그의 조언을 참고로 인도양을 횡단했다.

옛날부터 인도양 주변에 사는 사람들은 몬순(계절풍)을 이용해 바다를 건넜다. 몬순은 기압의 강약 관계로 겨울에는 육지에서 바다로 바람이 불고, 여름에는 바다에서 육지로 바람이 부는 현상이다. 당시의 배는 오로지 바람의 힘을 이용해 움직이는 이동 도구였기 때문에 몬순을 잘 이용하면 짧은 기간에 도착할 수 있는 장소도 출발 계절을 잘못 맞추면 목적지와는 전혀 다른 장소로 흘러가게 되었다.

그렇게 해서 바스코 다 가마는 1498년 5월, 꿈에 그리던 인도에 도착했다. 인도 서남 해안의 항구도시 캘리컷(Calicut)이었다. 여기서 그는 후추, 육두구, 클로브를 직접 구매해 포르투갈로 돌아갔다.

그의 성 가브리엘호가 리스본에 귀항한 것은 출항일로부터 2년이 훨씬 지난 1499년 8월 29일이었다. 선원 170명 가운데 90명 이상을 괴혈병으로 잃은 힘겨운 항해였는데(귀환자는 44명뿐이라는 설도 있다), 어쨌든 바스코 다 가마는 희망봉을 돌아 인도 항로를 개척하는 데 성공한다. 그가 얻은 향신료는 현지에서 구매한 것보다 무려 60배나 비싼 값에 팔 수 있었다. 이후 포르투갈은 인도 무역을 국영사업으로 정해 본격적으로 뛰어들면서 막대한 이윤을 올렸다. 1506년의 자료를 보면 후추와 클로브의 이익률은 각각 262%, 467%였고, 육두구는 무려 4,137%나 되었다. 실로 엄청난 돈벌이였다. 이렇게 해서 리스본은 일약 세계 상업의 중심지로 우뚝 섰다.

200m 앞에서 침몰하다

지금까지 대항해 시대의 견인차 역할을 한 포르투갈의 항해 사업에 대해서 알아보았다. 그런데 이들 기술이 세부적인 부분까지 확인된 진실이라는 확증은 없다. 왜냐하면, 현존하는 문헌과 자료에 잘못된 부분이 있다고 해도 그것을 검증할 방법이 거의 남아 있지 않기 때문이다.

예외적으로 남아 있는 물적 증거 중 하나가 앞서 소개한 '후추 난파선'이다. 이 배에서는 약 400년 전의 후추가 대량으로 발굴되었다. 또, 금으로 된 장식품과 고가의 중국제 도자기도 발견되었다. 이것은 포르투갈의 상선이 인도와 교역했다는 증거로, 향신료가 금 장식품과 동등하거나 그보다 더 중요한 수입품이었다는 증거가 된다.

해저 보물선에서 발굴된 유물은 이처럼 탁상공론으로 그칠 수 있는 역사에 현실감을 더해준다. 특히 이 후추 난파선처럼 유물이 바닷속 모래 깊숙이 묻혀 있었던 경우는 산소가 거의 완벽하게 차단되기 때문에 수백 년이라는 시간이 지나도 침몰 당시의 상태를 유지할 수 있었다. 육지였다면 불가능한 일이다.

그런데 후추 난파선의 선원들은 얼마나 분통했을까. 당시에 항해는 목숨을 내건 행위라 할 만큼 위험한 일이었다. 그렇기 때문에 무사히 항해를 마친 그들에게는 찬란한 영광과 풍성한 보상이 기다리고 있었을 것이다. 이제 눈앞에서 바르톨로뮤 디아스, 바스코 다 가마와 똑같은 영광이 손짓하는 상황에서 리스본 항을 불과 200m 앞두고 배가 침몰해버렸으니 그들이 느꼈을 황망함이 어떠했겠는가! 그 순간을 상상하는 나의 가슴도 저려온다.

우리는 스테이크나 만둣국을 먹을 때 당연하게 후추를 찾는다. 그러나 후추 난파선의 고난을 떠올리자면 혀에 와닿는 후추 맛은 특별하게 다가온다.

이슬람으로부터 요새를 지켜라

대항해 시대, 인도 항로를 확립해 해상 무역을 본격화한 포르투갈은 각 기항지에 요새를 건설해 자국의 무역선을 보호했다. 그 중 몇 개는 아직까지 그 흔적이 남아 있는데 고고학 발굴이 활발히 이루어져 성과를 올리고 있다.

그 포르투갈의 요새 중에 케냐 몸바사 항의 포트 지저스(Fort Jesus)가 있다. 이곳에서 후추 난파선과는 대조적으로 포르투갈의 몰락을 상징하는 또 하나의 해저 보물선이 발견되었다.

"몸바사 앞바다에 보물선이 잠자고 있다." 1970년대 들어서부터 포트 지저스 지역의 잠수부들 사이에서 이런 소문이 돌기 시작했고 보물선을 본격적으로 조사하자는 분위기가 고조되면서 케냐의 고고학자와 텍사스A&M대학교의 협력으로 1977년부터 조사와 발굴이 시작되었다.

남아 있는 다양한 문헌을 통해 몸바사 앞바다에 잠자고 있던 배는 산토 안토니오 데 타나(Santo Antonio de Tanna)호라는 것이 밝혀졌다. 이 배가 침몰한 것은 1697년으로 다음과 같은 역사적인 사실이 존재한다.

15세기 말, 유럽에서 최초로 인도 항로를 개척한 포르투갈은 1510년에 인도의 고아(Goa)를 점령하면서 대항해 시대의 선봉대가 되어 본격적으로 아시아와의 교역을 시작했다. 16~17세기에는 스리랑카, 말라카, 몰루카 제도를 지배하에 두었고 중국의 명나라와 교류하면서 마카오에 거주권을 획득해 중국 무역에도 착수했다. 원래 화약과 대포를 최초로 개발한 것은 중국인데, 이 무렵에는 거꾸로 포르투갈의 대포가 중국 시장에 나돌게 되었다. 1543년에는 포르투갈의 배가 다네가시마(種子島)에 표착한 것을 계기로 일본과도 통상관계를 맺었다. 일본 역사 교과서에도 등장하듯이 이후 일본에 대포가 들어오게 되었다.

그러나 포르투갈에 이어 스페인, 네덜란드, 영국 등이 세계 무역에 뛰어들면서 포르투갈의 위엄에도 그늘이 드리워지기 시작했다. 무역은 왕실의 독점사업이라서 국민 생활을 떠받치는 생산업 발전으로 이어지지 않았기 때문이다. 또, 무역 상대국들과의 관계 조성도 원활히 이루어지지 않았다. 그래서 17세기 말에는 무역 사업 자체가 쇠퇴하게 된다.

그렇지만 왕실의 운명이 걸린 이상 포르투갈도 쉽게 물러설 수는 없었다. 어떻게든 무역으로 이익을 올리기 위해 포르투갈이 지배하는 항구에서 관세를 징수했는데 이러한 조치는 여러 나라로부터 반발을 샀다. 예를 들어, 포트 지저스가 있는 몸바사 항은 당시 아라비아 반도 남단의 이슬람 국가 오만의 상선들도 이용했다. 포르투갈은 16세기 초 오만의 수도를 점령하는 등 두 나라는 오래 전부터 서로 인연이 깊었다. 산토 안토니오 데 타나호가 출항한 17세기 말은 아프리카 동해안의 상권을 둘러싸고 양국이 패권 다툼을 펼치고 있었다.

분쟁이 일어난 것은 1696년으로 오만에서 군함이 대거 몰려와 요새를 포위하고 항구를 봉쇄했다. 포트 지저스를 지키고 있었던 포르투갈 수비대는 즉시 인도의 고아에 원군을 요청했고 다음해인 1697년, 3척으로 이루어진 포르투갈 함대가 파견되었다. 그 함대의 기함(Flag Ship)이 바로 산토 안토니오 데 타나호였다.

산토 안토니오 데 타나호는 오만 함대의 포위망을 뚫고, 자만심에서 비롯된 용감한 행동으로 포트 지저스 가까이에 닻을 내렸다. 그 순간, 적진으로부터 집중 포화가 쏟아졌고 그 중 한 발이 화약고 근처에 명중했다. 앵커 체인(배와 닻을 연결하는 로프나 체인—옮긴이)이 불타면서 배는 차츰 옆으로 기울기 시작했다. 즉시 돛을 올려 배의 방향을 잡으려고 했지만 배는 그대로 얕은 여울에서 좌초되고 말았다. 포르투갈의 포트 지저스는 오만군의 집요한 포위전에 의해 질병과 식량부족으로 시달리며 3년 후 결국 함락되었다.

배에 실려 있던 무기들은 자국의 요새를 방어하기에는 터무니없을 정도로 빈약했다. 포신(砲身) 길이 90cm의 청동대포와 대인(對人) 병기로 직경 7~8cm의 수류탄이 있었는데 그 수가 매우 적었다. 포탄의 질은 떨어지고 그 크기도 일정하지 않았다.

문헌 자료에 의하면 산토 안토니오 데 타나호는 고아를 출격할 때 인도양 각지에서 대포를 비롯한 화기를 필사적으로 긁어모았다. 즉, 17세기 후반에는 인도양에서 포르투갈의 권위가 땅에 떨어져 물자 보급도 제대로 이루어지지 않았음을 알 수 있다. 군비로 돌릴 수 있는 자금도 고갈해 제해권(制海權)을 상실했을 것이다. 그런 상황에서도 수중에 있던 무기로 오만 군대에 대항하기 위해 당시 3척 뿐이던 인도양 함대 가운데 귀중한 한 척을 잃고 말았다.

앞서 등장한 리스본 앞바다에서 발견된 후추 난파선이 '포르투갈의 번영'을 상징했다면 몸바사의 해저 보물선은 '포르투갈의 쇠퇴'를 적나라하게 드러낸다. 포르투갈이 세계의 패권을 경쟁했던 시대는 이미 17세기 말에 종말을 고했던 것이다.

2

해가 지지 않는 나라, 스페인

대항해 시대 전반에 포르투갈과 패권을 다툰 나라는 스페인이다. 스페인은 일찌감치 항해 사업에 착수했지만 이베리아 반도에서 이슬람 세력을 일소하는 데(레콘키스타) 시간을 끌었기 때문에 포르투갈보다 크게 뒤처지게 되었다.

서쪽 항로로 인도 상륙을 노리는 콜럼버스의 야망

그런 상황을 순식간에 역전시킨 것이 콜럼버스의 등장이다.

콜럼버스(Christopher Columbus, 1451~1506)는 제노바 출신의 뱃사

람으로, 제노바에서 영국을 경유해 플랑드르(지금의 벨기에)로 향하던 해상에서 스페인의 왕위 계승을 둘러싼 싸움에 휘말리게 되었다. 타고 있던 배가 유탄에 맞아 불길에 휩싸이자 콜럼버스는 그대로 바다로 뛰어들어 헤엄쳐 포르투갈의 라고스(Lagos)에 도착했다. 그 후 남동생이 살고 있던 리스본에서 지내며 부호의 딸과 결혼한 뒤 대서양을 서쪽으로 우회하는 항해 가능성을 모색하기 시작했다.

사실 그 전부터 무역의 주요 무대였던 지중해 세력도에는 커다란 변화의 기미가 나타났다. 1453년 비잔틴 제국(동로마 제국)이 오스만 제국에 의해 무너지고, 이로써 동서 교통의 요충지였던 콘스탄티노플(지금의 이스탄불)도 오스만 제국이 지배하게 되면서 동서 무역에 높은 관세를 부가했다. 이에 불만을 가진 제노바 등의 이탈리아 상인은 신흥 무역국인 포르투갈과 스페인에 협력해 지중해의 세력도는 새로운 전개로 접어들기 시작했다.

당시 서유럽의 선원들 중에는 인도를 막연하게 동경하는 사람들이 많았다. 그 동경의 대상은 한 국가로서의 인도가 아닌, 동아시아·동남아시아·남아시아를 포함하는 동방 지역 전체를 통칭한 하나의 상징적 존재로서의 '인도'였다.

인도에 대한 막연한 동경의 근거를 재공한 책이 마르코 폴로(Marco Polo, 1254~1324)의 《동방견문록(원제 : 세계의 기술Divisament dou Monde)》이다. 13세기 베네치아 상인인 마르코 폴로는 '베네치아-예루살렘-케르만-카슈가르-야르칸드(지금의 신장 위구르)-대도(大都, 지금의 북경)-청두(成都)-취안저우(泉州)-남중국해-인도양-호로무즈-콘스탄티노플-베네치아'에 이르는 약 1만 5천km의 여정을 24년에 걸쳐 여행했다. 그 중 십수 년은 몽골 제국의 황제 쿠빌라이 칸을 모셨다고 한다. 그가 쓴 《동방견문록》에서 일본은 "황금의 나라 지팡구"로 소개되었다.

콜럼버스도 당연히 《동방견문록》을 읽었다. 일설에 의하면 콜럼버스가 갖고 있던 것은 1485년에 인쇄된 라틴어판으로, 255군데에 메모를 해놓았을 정도로 숙독했던 것으로 알려져 있다.

콜럼버스는 지리학자 토스카넬리(Paolo Toscanelli dal Pozzo, 1397~1482)가 주장한 '지구 구체설'을 믿고 《동방견문록》 등을 참고해 다음과 같은 결론을 내렸다. "만일 지구가 둥글다면 대서양을 횡단해 서쪽으로 돌아가는 것이 인도로 가는 지름길이다."

이렇게 해서 그는 대서양을 서진하는 항해 계획을 세웠다. 그는 먼저 포르투갈 국왕에게 자신의 계획을 제안했다. 하지만 왕은 거절했고 이번에는 포르투갈과 적대 관계인 스페인을 상대로 다시 계획을 피력했다. 처음에는 스페인의 이사벨 여왕도 관심을 보이지 않았는데, 그라나다 함락으로 레콘키스타가 종결된 1492년에 그의 항해 계획을 허락해주었다.

이렇게 해서 콜럼버스는 같은 해 8월 산타마리아호(길이 23m, 배수량 120t)에 승선해 핀타호, 니냐호(양쪽 다 산타마리아호의 절반 정도 크기)를 이끌고 스페인의 남부 팔로스 항을 출발했다.

우리는 마침내 찾고 있던 것을 발견했다

팔로스 항을 떠난 콜럼버스는 카나리아 제도를 경유해 서쪽으로 항해했다. 그런데 한 달 넘게 항해를 계속해도 육지는커녕 섬조차 보이지 않았다. 10월 10일에는 콜럼버스의 계획을 처음부터 믿지 않았던 선원들이 더 이상 서쪽으로 가봤자 아무것도 없을 것이 분명하다며 귀항을 요구했다. 그런 선원들을 겨우 달래 이틀 더 항해한 10월 12일, 선두에 섰던 핀타호가 육지를 발견했다. 지금의 바하마 제도의 하나인 '구아나하니(Guanahani, '이구아나가 사는 섬'이라는 뜻)'라 불리던 작은 섬이었다. 마침내 대서양을 횡단한 것이다. 오랜 항해 끝에 육지를 발견한 일행의 기쁨은 이루 말할 수 없었다. 즉시 섬에 상륙해 검은 피부의 원주민과 물물교환을 시작했다. 콜럼버스는 이 섬을 '산살바도르(San Salvador, '성스러운 구세주의 섬'이라는 뜻)'라 이름 지었고, 지금도 세계지도에 그렇게 표기되어 있다. 콜럼버스는 이 섬이 인도의 일부일 거라고 확신했다. 그래서 가톨릭 신자인 스페인 여왕의 대리인으로서 자신이 최초로 이 땅을 밟는다는 사실에 커다란 자부심을 가졌다. 그렇다면, '성스러운 구세

주'란 콜럼버스 자신을 말하는 걸까. 어쨌든 콜럼버스의 이 엄청난 오해로 인해 카리브해에 점재하는 7,000여 개의 섬들(바하마 제도 포함)은 지금도 '서인도 제도'로 불리고 있다.

산살바도르 섬에서 접촉한 원주민들은 모두 알몸이었고, 몇 명은 코에 금을 달고 있었다. 그것을 본 콜럼버스는 틀림없이 인근에 황금의 섬 '지팡구'가 있을 거라고 확신했다. 가까이에 더 큰 섬이 있다는 사실을 알게 된 콜럼버스는 자신의 일기에 "이곳 원주민이 말하는 큰 섬이란 지팡구가 틀림없다"고 기록했다. 원주민의 안내에 따라 주변 섬들을 탐색하여 그들은 곧 쿠바 북부에 상륙할 수 있었다. 그는 에스파뇰라 섬(지금의 도미니카공화국과 아이티가 있는 섬)에 선원 일부를 남기고 1493년 1월 6일, 귀국길에 올랐다. 일기에는 "우리는 마침내 찾고 있던 것을 발견했다"고 기록했다.

하지만 콜럼버스는 결국 인도를 발견하지 못했다. 카리브해를 서쪽으로 항해해도 인도에 도착할 수는 없다. 하지만 당시에는 인도의 일부에 도착했다고 믿었고, 대서양을 서쪽으로 항해하면 육지가 있다는 것도 확인했다. 그래서 콜럼버스의 탐색은 당초 성공한 것으로 인식되어 해상 무역의 경쟁자인 포르투갈에 큰 충격을 안겨주었다. 그 결과, 1494년 포르투갈과 스페인은 다음과 같은 약속을 하게 된다. '아프리카·인도 방면은 포르투갈 영토, 카리브해를 기준으로 서쪽인 아메리카 방면은 스페인 영토로 하고 신대륙 발견과 신항로 개척은 각자 맡은 범위에서 하자'는 내용이었다. 이 조약의 체결로 북아메리카 대륙과 남아메리카 대륙의 대부분은 스페인이 갖게 되었다. 이것이 지금도 중남미 지역에서 스페인어가 공용어로 사용되는 이유이다.

콜럼버스의 탐색으로부터 7년이 지나고, 피렌체 태생의 아메리고 베스푸치(Amerigo Vespucci, 1454~1512)는 콜럼버스가 탐색한 곳이 아시아가 아니었음을 확인한다. 그는 1499년부터 4회에 걸쳐 남미 대륙의 이곳저곳을 탐사한 후, 피렌체의 통치자와 부호가에게 "이곳은 아시아가 아니라 신세계(신대륙)"라고 보고했다. '아메리카'라는 신대륙의 명칭은 이후에 독일의 지리학자 발트제뮐러(Waldseemüller)가 아메리고 베스푸치의 이름을 따서 붙인 것이다.

마젤란의 세계일주

페르난도 마젤란(Ferdinand Magellan, 1480~1521)은 인류 역사상 최초로 세계일주에 성공한 인물이다. 포르투갈 귀족 출신의 뱃사람인 그는 이 위업을 달성하기까지 인도와 말라카 등지의 항해로 많은 경험을 쌓았다. 그래서 말라카보다 동쪽에 있는 몰루카(지금의 말루쿠) 제도로 자신을 파견해달라고 왕실에 호소했으나 그의 바람은 받아들여지지 않았다. 그 무렵 마젤란에 대해 좋지 않은 소문을 퍼

뜨리는 사람이 있었기 때문이다.

결국 마젤란은 포르투갈 왕실과의 결별을 결심하고 독자적인 항해를 구상한다. 그리고 천문학자, 항해사와의 교류를 통해 하나의 계획이 떠올랐다. '콜럼버스는 신대륙에 부딪혀 돌아왔지만 브라질보다 더 남쪽으로 내려가면 맞은편 바다(태평양)로 나갈 수 있는 루트가 있을 것이다. 그렇게 이베리아 반도에서 서쪽으로 돌아가면 아시아와 몰루카 제도에 이를 수 있다'는 것이었다.

마젤란은 스페인으로 이주해 이 계획을 스페인 국왕에게 제안한다. 서쪽 항로를 택하면 스페인은 포르투갈과의 조약에 위반하지 않는 루트를 통해 몰루카 제도의 향신료를 손에 넣을 수 있다고 끈질기게 설득했다.

스페인도 사실 이전부터 아시아 진출을 원하고 있었다. 그래서 콜럼버스의 항해를 적극 지원했지만 결과는 그다지 만족스럽지 않았다. 사람들을 인디아스(사실은 지금의 카리브해 주변)로 이주시키는 데는 성공했지만 그들이 원했던 아시아의 향신료를 손에 넣지 못했기 때문이다. 현재의 인도네시아인 몰루카 제도는 '향신료 섬'으로 불렸을 만큼 육두구와 클로브의 유명 산지다. 마젤란의 제안은 스페인이 바라는 최적의 조건을 갖춘 제안이었다.

1519년 9월 20일, 마젤란은 5척의 카라벨선(Caravel, 돛이 3개인 소형의 고속범선)과 총 277명의 선원을 이끌고 스페인 남부의 산루카르

데 바라메다(Sanlucar de Barrameda) 항을 떠나 대서양을 남남서로 항해했다. 마젤란의 기함은 110t 급의 트리니다드(Trinidad)호였다.

마젤란은 12월 13일에 지금의 브라질의 도시 리우데자네이루(Rio de Janeiro)가 있는 산타 루시아 항에 입항하여 이후 남아메리카 대륙의 남단의 위치를 탐색하면서 함대를 이끌며 조금씩 앞으로 나아갔다. 이 여정에는 많은 시간이 소요됐다. 아르헨티나 남단에 가까운 산훌리안(San Xulian) 항에서 겨울을 난 후 1520년 11월 22일에 이르러서야 마젤란 해협을 통과했다. 그리고 11월 28일 태평양쪽으로 빠져, 유럽인으로는 처음으로 미국 대륙의 반대쪽으로 나오게 된다. 그는 바다가 잔잔한 것에 기뻐하며 '마르 파시피코(태평양)'라는 이름을 붙였다. 그가 스페인을 떠나 이곳에 도착하기까지 1년 2개월이라는 시간이 걸렸다. 그동안 5척의 배 가운데 한 척이 난파했고, 한 척은 선단을 떠났다.

마젤란은 그 후 나머지 3척으로 칠레 앞바다를 북상해 서남서로 항로를 잡았다. 그러나 거기서부터 그들에게는 더욱 큰 시련이 기다리고 있었다. 처음 보는 태평양은 너무나 광대해서 주위에 육지라곤 전혀 보이지 않았다. 일행은 무려 98일 동안 육지를 전혀 보지 못한 채 항해를 계속했고 급기야 먹을 것이 바닥나고 말았다. 그들은 할 수 없이 배에 살고 있던 쥐와 바퀴벌레를 샅샅이 뒤져 잡아먹고 심지어는 톱밥과 가죽조각까지 먹었다. 그런 환경 속에서 결국 굶주림과 괴혈병으로 많은 수의 선원들이 죽어갔다.

1521년 3월 6일에 이르러 일행은 현재의 괌으로 여겨지는 섬을 우연히 발견하면서 그곳에서 겨우 먹을 것을 얻어 위기를 넘겼다. 그리고 일행은 그로부터 열흘 후, 필리핀 제도에 상륙했다. 원주민의 언어를 듣던 마젤란은 자신이 마침내 아시아에 도착했다는 것을 깨달았다. 예전에 그는 아프리카 희망봉을 돌아 말레이 반도 부근까지 가보았던 경험이 있었기 때문에 아마도 그때 들어본 적이 있는 언어라고 생각했던 모양이다. 그러나 기쁨도 잠시, 다음 달 말에는 필리핀 중부 세부 섬에 가까운 막탄 섬에서 일행과 원주민 간에 싸움이 벌어져 마젤란은 그곳에서 살해되고 말았다. 아마도 지역 세력 다툼에 휘말린 것으로 추측된다.

마젤란이 죽은 뒤 스페인인 후안 세바스티안 엘카노(Juan Sebastián Elcano)가 나머지 108명의 리더가 되었다. 그는 함대를 추슬러 당초의 목적지인 몰루카 제도로 향했다. 여기서 그들은 드디어 꿈에 그리던 향신료를 사들였는데, 이 지역은 포르투갈의 세력권이기 때문에 발각되면 격침 당할 위험이 있었다. 그래서 많은 선원들이 몰루카에 남기를 원했고 47명만이 스페인으로 가는 배에 몸을 실었다. 항해를 시작할 때는 2척으로 출발했으나 한 척은 침수로 항해가 불가능해졌기 때문에 나머지 한 척인 빅토리아호(85t)로 스페인까지 가게 되었다. 그들은 포르투갈 배에 들키지 않도록 최대한 남쪽 항로를 따라 인도양을 횡단해 아프리카 서해안을 북상했다. 그들이 항해를 시작한지 3년만인 1522년 9월 6일 스페인에 돌아왔을 때 277명이던 선원들의 숫자는 고작 18명에 불과했다.

태평양을 누빈 마닐라 갈레온 무역

마젤란 일행의 활약으로 스페인은 아시아로 가는 서쪽 항로를 성공적으로 개척할 수 있었다. 이후 스페인의 많은 뱃사람들이 현지의 해류와 계절풍을 조사했고 마젤란의 세계일주로부터 40여 년이 지난 1565년, 안정된 태평양 횡단 항로가 확립되었다. 그 해, 스페인은 필리핀의 영유를 선언했다. 1571년에는 필리핀의 루손 섬에 항구도시 마닐라를 건설했고 이후 필리핀은 1898년까지 스페인령이 되었다.

한편 콜럼버스가 개척한 아메리카의 서인도 제도에서도 스페인은 순조롭게 식민지 경영을 펼쳤다. 이 지역에서는 후추와 육두구 같은 향신료는 얻을 수 없었지만 열대·아열대 원산인 사탕수수를 재배할 수 있었다. 그래서 대대적인 사탕수수 농사로 대량의 설탕을 생산해 유럽 국가에 팔기 위한 계획이 세워졌다. 농장에서는 아메리카 대륙 토착민인 인디언을 노동력으로 썼는데 이후 그들은 노예와 다름없는 혹독한 노동과 천연두와 같은 각종 전염병에 걸려 거의 절멸하다시피 했다. 그래서 할 수 없이 인디언을 대신할 노동력을 찾아 아프리카 흑인들을 데려왔고, 그들은 사탕수수 농장과 은 광산에서 노예로 일하게 되었다. 오늘날 중남미에 존재하는 아프리카계 주민의 역사는 이렇게 시작된 것이다.

남북아메리카 대륙의 식민지화도 진행되었다. 먼저 콘키스타도르(Conquistador, 스페인어로 '정복자'라는 뜻으로 16세기에 남북아메리카 대륙을 정복한 스페인 사람을 가리킨다— 옮긴이)로 파견된 에르난 코르테스(Hernán Cortés)가 1519년에 유카탄 반도에 상륙했고, 1521년에는 아스테카 제국을 정복하여 멕시코를 소유했다. 마찬가지로 콘키스타도르로 파견된 프란시스코 피사로(Francisco Pizarro)는 1533년에 잉카 제국을 무너뜨리고 페루를 정복했다. 1545년에는 볼리비아 남부에서 아메리카 대륙 최대의 은 광산인 포토시(Potosi)가 발견되었다. 여기서 채굴된 대량의 은은 스페인의 국력을 더욱 더 부강하게 한 원동력이 되었다.

필리핀 제도와 아메리카 대륙을 수중에 넣은 스페인은 새로운 해상 무역을 시작했다. 필리핀의 마닐라와 멕시코의 아카풀코라는 태평양을 사이에 둔 두 항구를 갈레온선(Galleon, 16세기 초에 등장한 3~4층 갑판의 대형범선— 옮긴이)으로 연결하는 마닐라 갈레온(Manila Galleon) 무역(아카풀코 무역)이다. 그들은 캐럭선(40쪽 참조)이 더욱 진화한 갈레온선을 사용해 마닐라와 아카풀코 사이의 취항 루트를 확립하여 매년 1~2선단의 비율로 취항시켰다. 먼저 필리핀 마닐라에서 출항한 배는 북쪽으로 항해하여 일본 근해에서 동쪽으로 방향을 바꾸어 아메리카 대륙에 도달한 후 그대로 남하해서 멕시코의 아카풀코에 도착했다. 그리고 그곳에서 싣고 온 짐을 스페인으로 가는 함대에 옮겨 실었다. 이렇게 하면 해류나 바람의 방향에 따라 다소 돌아가기도 하지만 포르투갈이 눈을 번득이고 있는 희망봉을 지나지 않고 갈 수 있기 때문에 안정된 항해를 할 수 있는 이점이 있었다. 이 루트라면 아카풀코에서 거의 직진으로 마닐라로 항해할 수 있어 최적의 조건을 갖출 수 있었다. 이때 주로 취급하는 상품은 몰루카 제도의 향신료와 중국의 비단과 도자기, 남미 볼리비아의 은이었다. 배에 실은 짐의 특징 때문에 아카풀코로 향하는 배를 '비단선(絹船)', 마닐라로 향하는 배를 '은선(銀船)'이라고 불렀다. 이 마닐라 갈레온 무역은 1815년까지 계속되었다.

스페인은 대항해 시대가 시작된 초기에는 포르투갈에 뒤져 있었지만 16세기 중반 이후 인도로 가는 서쪽 항로 개척과 신대륙 식민지 경영으로 강대국으로 발전했다. 특히 스페인 합스부르크 왕가의 국왕 펠리페 2세가 재위했던 기간은 스페인의 최고 전성기라고 할 수 있다. 펠리페 2세는 1580년부터 포르투갈 국왕도 겸했기 때문에 이때부터 스페인은 명실공히 신대륙(지금의 남북아메리카), 필리핀, 네덜란드, 밀라노 공국, 나폴리 왕국, 브라질, 아메리카 대륙 남서부, 인도 서해안, 말라카, 보르네오 섬 등 세계 각지에 영토를 갖는 세계 최대의 식민지 제국이 되었다. 당시 스페인은 '하루 24시간 내내 스페인 영토의 어딘가에는 해가 떠 있다'는 의미와 그 번영을 상징한 '해가 지지 않는 나라'라고 불릴 정도로 크게 성장했다.

아메리카 서해안에 침몰된 스페인선

이제부터 드디어 해저 보물선 이야기로 들어가기로 하자.

스페인은 마닐라 갈레온 무역의 일환으로 16세기 후반 이후 북아메리카 서해안에도 빈번하게 들락거렸다. 아마 아카풀코 이외에도 쓸 만한 항구가 없는지 끊임없이 찾고 있었을 것이다. 현재 아메리카 남서부에서는 갈레온선 선체 일부가 발견된 예와 예비조사 결과가 몇 건 보고되고 있다. 특히 최근 주목받기 시작하는 것이 밀랍 파편을 채집할 수 있는 오리건 주(州) 해안이다. 대포가 2문 발견되었는데 대형 선체가 발견될 가능성이 높다. 이 지역에서는 중국제 도자기를 채집할 수 있는 곳도 여러 곳 알려져 있는데, 일본의 이마리야키(시가 현의 아리타 지방에서 생산되는 도자기의 총칭—옮긴이)의 자기도 육상유적에서 발견되었다. 나는 가까운 장래에 중국과 일본의 유물을 대량으로 실은 스페인의 갈레온선이 오리건 주에서 발견될 것으로 기대하고 있다.

스페인 갈레온선의 마닐라에서 아카풀코에 이르는 항로는 일본과도 관계가 깊다. 1609년에 필리핀 총독 돈 로드리고(Don Rodrigo) 일행이 일본 근해에서 조난을 당했기 때문이다. 일행을 태우고 마닐라를 출항한 성 프란시스코호는 아카풀코로 향하던 중에 태풍을 만나 보소반도(房總半島) 온자쿠(御宿) 해안에 좌초되었다. 주민이 모두 나와 조난자를 구출했는데 이 일을 계기로 일시적이지만 일본과 스페인 사이가 가까워져서 1613년 하세쿠라 쓰네나가(支倉常長, 에

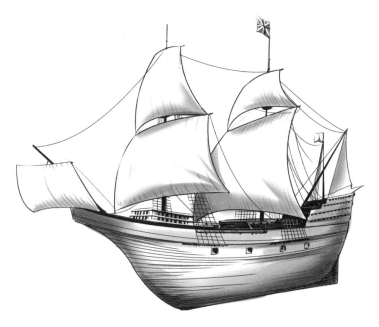

캐럭선을 개량하여 대형화한 갈레온선. 선수(船首)의 누각을 없애고 돛으로 바꿔 추진력을 높였다. 적재량도 늘었기 때문에 장거리 무역에서 활약했다.

도시대 초기의 무사—옮긴이)가 이끄는 게이초(慶長) 유럽파견사절단
(1613, 센다이의 번주인 다테 마사무네伊達政宗가 로마 교황청에 파견한 사절
단—옮긴이)이 파견된다. 일본인을 태운 갈레온선이 향한 곳도 아카
풀코였다.

마닐라 만에 남아 있는 해전의 흔적

필리핀에서도 스페인의 보물선이 발견되었다. 그 중 가장 유명한
것이 산 디에고(San Diego)호다.

산 디에고호는 길이 35m, 배수량 300t 급의 갈레온선이다. 당초
에는 상선으로 사용되었는데 마닐라 만에 침공하는 네덜란드 함대
를 요격하기 위해 급한 대로 군함으로 개조되었다는 기록이 있다.
해전이 일어난 것은 1600년 12월 14일로 스페인 함대의 지휘관은
마닐라 총독 대리 안토니오 모르가(Antonio de Morga)였다.

네덜란드는 15세기 이후 합스부르크 왕가의 영지였는데 16세기
중반 합스부르크 왕가가 오스트리아와 스페인으로 분열되자 이후
스페인 합스부르크 왕가의 영지가 된다. 그때부터 줄곧 스페인의
지배하에 있었던 것이다.

네덜란드에서 스페인의 지배에서 벗어나기 위한 독립전쟁이 일
어난 것은 1568년이었다. 당시 네덜란드는 중세 이후 모직물 생산

을 비롯한 상공업으로 발전한 하나의 도시로, 상공업자 중에는 자유롭고 진취적인 사고방식을 가진 사람이 많았다. 1517년의 종교개혁 이후에는 프로테스탄트로 전향하는 시민이 늘어나 엄격한 가톨릭 신자였던 스페인 국왕 펠리페 2세는 네덜란드 주민에게 로마가톨릭을 강요하고 무거운 세금을 부과했다. 결국 기독교인들의 분노가 폭발하여 독립전쟁이 시작된 것이다.

도중에 남부의 10개 주가 탈락하기는 했지만 북부의 7개 주는 위트레히트 동맹(1579년 네덜란드의 북부 7개 주가 위트레히트 주의 수도 위트레히트Utrecht에서 체결한 군사동맹―옮긴이)으로 연합해 결속을 강화하여 마지막까지 독립전쟁을 계속했다. 1581년에는 북부 7개 주가 독립을 선언했는데, 사실상 네덜란드가 독립한 해는 스페인이 휴전조약을 승인한 1609년이다.

다시 마닐라 만의 전투 현장으로 돌아가자. 1600년은 네덜란드도 스페인으로부터의 정식 독립을 보류하며 호시탐탐 아시아 해상무역의 이권을 노렸던 해다. 스페인을 압박할 정도의 힘은 없었지만 무역상들이 단결하여 타국에 대항하는 조직력이 뛰어났기 때문에 2년 후에는 네덜란드 동인도회사가 설립되었다. 즉, 1600년의 필리핀 마닐라 만에서는 '지배국 스페인'과 '틈만 있으면 이권을 빼앗으려는 독립 투쟁 중인 네덜란드'의 싸움이 일어난 것이다.

스페인과 네덜란드의 함대가 각각 몇 척씩 존재했는지 확실하지 않지만 해전은 만의 남쪽으로 조금씩 이동하면서 이루어진 것 같다. 최종적으로 지휘관 안토니오 모르가가 승선한 산 디에고호는 마닐라 만 외측인 바탕가스(Batangas) 주 서쪽 바다에서 침몰했다. 이로 인해 450명이 넘는 많은 사람이 죽었다고 하는데, 모르가는 침몰하는 배에서 탈출해 "싸움에 승리했다"고 기록하고 있기 때문에 네덜란드 함대의 손해가 더 컸을지도 모른다.

산 디에고호가 발견된 것은 1991년이다. 산 디에고호는 수심 55m로 꽤 깊이 가라앉아 있었는데, 프랑스 조사대와 필리핀 국립박물관이 공동으로 조사와 발굴에 참여했다. 발굴된 유물은 대포 14문, 포탄 200발, 동전 430개, 중국제 등의 자기류 4,000점, 필리핀과 페루산 토기 1,400점, 상아 6점 등이다. 배에 실린 물건을 봐도 기록에 남아 있는 대로 상선에서 군함으로 급히 전용되었다는 사실을 뒷받침해주고 있다.

문헌에 기록되지 않은 유물

앞서 말한 대로 콜럼버스의 신대륙 발견은 결과적으로 스페인에게 커다란 부를 가져다 주었다. 특히 아스테카 제국과 잉카 제국에서 거둬들인 금은보화가 많았는데, 특히 막대한 이익을 올린 것이 은이다. 아메리카 대륙 최대의 은 광산을 발견해 인디언과 흑인 노예를 노동력으로 하여 은을 채굴한 스페인은 엄청난 부를 쌓았다.

스페인 왕실은 해외무역을 왕실 직할 사업으로 독점하려고 의도한 듯 무역선의 운항 항로와 선원의 이름, 배에 싣는 짐의 수량 등을 매우 상세히 기록했다. 아마 선원의 소지품도 일일이 확인했을 것이다. 은전을 개인이 밀수하지 못하도록 눈을 번득이며 감시한 것이다.

완전하지는 않지만 이처럼 왕실이 배에 싣는 짐의 자료를 관리한 덕분에 우리는 대항해 시대의 스페인 무역 실태를 어느 정도 알 수 있다. 기록에 의하면 1503년부터 1650년까지 약 150년 간 1만 6천 t의 은이 신대륙에서 스페인 본국으로 옮겨졌고, 운반한 배의 크기는 최대 1,200t 급도 있었다.

1554년, 신대륙에서의 교역을 마치고 스페인으로 돌아가던 선단 가운데 산 에스테반(San Esteban)호를 비롯한 수척의 배가 멕시코 만(지금의 텍사스 주 파드리 섬Padre Island 앞바다)에서 좌초됐다. 생존자로부터 사고 경위를 보고받은 스페인 왕실은 즉시 배에 실은 짐에 대한 회수 작업을 명령했는데 나머지 선단은 이미 귀국 길에 올라 사고 당시에는 아무것도 회수하지 못했다. 다음 해에 다른 선단이 현장 해역을 찾았을 때, 좌초한 배는 침몰 당시 상태 그대로 남아 있었다. 그러나 당시는 잠수 도구가 전무했던 시대다. 절반은 바닷속으로 가라앉은 배를 발견한 선원들이 프리다이빙으로 회수할 수 있는 범위의 유물을 최대한 건져냈다고 한다.

이후, 산 에스테반호는 400년 정도 역사에서 모습을 감춘다. 산 에스테반호가 다시 사람들의 관심을 끈 것은 1960년대 들어오면서부터다. 멕시코 국경에 접한 이 지역을 '파드리 섬 해상공원'으로 정비하기 위한 해역 조사 중 이 보물선이 발견된 것이다.

배는 민간 샐비지 회사(위탁을 받아 보물선을 끌어올리거나, 해난구조를 하는 기업)에 의해 인양되었고 유물도 회수되었다. 이때 은괴를 비롯한 다양한 유물이 발견되었는데 여기서는 문헌에 기록되어 있지 않은 두 가지 유물을 소개하기로 하자.

첫 번째 유물은 바퀴벌레다. '400년 넘게 바닷속에 가라앉아 있던 배에서 바퀴벌레가 발견되다니!' 하고 놀라는 사람도 있을 것이다. 바닷속 진흙이나 모래에 급속히 묻힌 경우는 산소와 거의 접촉하지 않은 무산소 상태이기 때문에 유기물의 보존은 오히려 육상보다 유리하다. 흥미로운 점은 발견된 바퀴벌레의 종류가 한 종류가 아니라는 사실이다. 유럽산 바퀴벌레와 아메리카 대륙의 바퀴벌레가 여러 종 발견되었는데 이들은 인간의 눈에 띄지 않게 숨어 다니면서 짐과 함께 수천 km를 여행한 것이다.

기록에 남아 있지 않는 또 다른 유물은 황철석(Pyrite, 파이라이트)으로 된 거울과 흑요석으로 된 돌날이다. 말하자면 기념품인데, 아마도 인디언이 만든 민속품이나 세공품일 것으로 추측된다. 선원

중 누군가가 개인적인 취미로 자신의 컬렉션, 혹은 가족에게 선물하기 위해 살짝 챙긴 것은 아닐까? 여행을 떠나면 누구나 기념이 될 만한 선물을 챙긴다. 바다에서 예쁜 돌멩이나 조개껍질을 줍듯, 값나가는 것이 아니라서 오히려 소중하게 느껴지는 것들이 있다. 400년 전 스페인 선원의 잡동사니는 스페인 무역과는 아무 관계도 없고 역사적 자료로써 말할 수 있는 것도 거의 없다. 그러나 그런 잡동사니를 가지고 돌아간 400년 전 누군가의 심정을 오늘날의 우리도 충분히 공감할 수 있다. 시공의 벽을 뛰어넘어 느껴지는 이 친근감이야말로 수중고고학이 선사하는 묘미라고 할 수 있다. 이 기념품의 주인이 무사히 배에서 탈출해 본국에 돌아갔기를 바란다.

북미대륙으로의 이주가 좌절된 스페인

콜럼버스의 신대륙 발견 이후 스페인은 중남미 지역을 차례로 식민지화했다. 토착민인 인디오의 노동력을 착취해서 금과 은을 채굴하고 사탕수수를 재배했다. 그러나 북미대륙에도 이주할 계획이 있었다는 사실은 거의 알려지지 않았다.

1559년, 건설 자재와 식료품 등 이주에 필요한 물자를 실은 11척의 스페인 배가 지금의 플로리다 주 펜사콜라(Pensacola) 만에 정박했다. 막 짐을 부릴 준비를 시작하려는데 운 나쁘게 허리케인의 직격탄을 받아 거의 모든 배가 1년 치 물자와 함께 침몰되고 말았다. 남겨진 자료에 의하면 생존자들은 이 지역에서 살아남기 위해 어떻게든 바닷속의 물자를 건져내려고 했던 것 같다.

그 후, 스페인 본국에서 다시 이주자용 물자가 도착했지만 악천후와 원주민의 습격, 전염병 등의 악재로 인해 1561년 플로리다 입주 계획은 모두 중단되었다. 폭풍우가 아니었다면 지금 미국인은 스페인어를 사용하고 있었을 지도 모를 일이다.

3

네덜란드와 영국의 급부상
그리고 카리브 해전

바르톨로뮤 디아스의 희망봉 발견(1488), 바스코 다 가마의 인도 항로 개척(1498), 콜럼버스의 신대륙 발견(1492), 마젤란의 서쪽 항로를 이용한 세계일주(1522)······.

15세기 후반부터 시작된 대항해 시대의 맹렬한 신항로, 신대륙의 개척은 포르투갈과 스페인이 주역이었다. 이러한 신항로와 신대륙 개척으로 포르투갈은 동인도 지역의 향신료를, 스페인은 서인도 제도·남미 지역의 금과 은을 거의 독점할 수 있었다. 그것이 이들 나라에 부와 번영을 동시에 가져다주었다.

그러나 오늘날의 시점에서 보면 양쪽 모두 비즈니스 모델로는 성공적이지 못하다. 포르투갈과 스페인의 해외 무역은 왕실 독점의 직할 사업으로 이루어졌고 상대국이나 식민지와의 거래도 실질적으로는 착취나 강탈에 가까웠다. 이런 방법으로는 결코 지속적인 비즈니스를 기대할 수 없다.

포르투갈과 스페인을 대신해 16세기 후반부터 세계 무역의 강자로 떠오른 것이 네덜란드와 영국이다. 주목해야 할 것은 포르투갈과 스페인이 로마 가톨릭(구교) 국가인데 비해 네덜란드와 영국은 프로테스탄트(신교) 국가라는 점이다. 우리는 세계사 시간에 대항해시대, 르네상스, 종교개혁을 각각 다른 장에서 배웠는데 현실 세계에서는 이들이 서로 인과관계를 갖는 동시 병행적인 현상이었다.

네덜란드의 동인도회사

앞서 간단히 설명했듯이 네덜란드는 오래 전부터 모직물 산업이 번성한 곳으로, 중세에는 한자동맹(중세 중기 북해·발트해 연안의 독일 여러 도시가 뤼베크를 중심으로 상업상의 목적으로 결성한 동맹— 옮긴이)에 관계되어 북해·발트해 무역에 참가하는 등 상공업이 발달한 경제적으로 풍요로운 국가였다. 자유로운 분위기로 신교(칼뱅파)를 신봉하는 사람이 다수파를 차지했다.

16세기 중반, 네덜란드는 합스부르크 왕가의 사정으로 스페인 지배하에 들어갔다. 스페인 국왕 펠리페 2세의 종교탄압이 네덜란드 독립전쟁(1568~1609)으로 발전했고, 이때 가톨릭 신자가 다수를 차지했던 남부는 스페인의 지배하에 남기로 선택하고 따로 분리되어 현재의 벨기에가 되었다.

네덜란드는 스페인과 독립전쟁을 벌이면서 안정된 경제력을 배경으로 아시아 무역에 뛰어들었다. 그리고 이웃 나라인 프랑스에서 신교도 상공업자가 이주해오면서 더욱 경제적으로 발전했다. 북해와 마주하고 있는 네덜란드는 원래 해운업이 발달한 곳으로, 사실은 유럽 제일의 조선(造船) 기술을 갖고 있었다. "17세기 전반 해외 무역에 쓸 수 있는 대형 범선은 유럽 전체에 약 2만 척이 있는데, 그중 1만 6천 척을 네덜란드가 보유했다"는, 조금은 믿기 어려운 자료가 있을 정도다. 그런데 스페인의 펠리페 2세가 포르투갈 국왕을 겸하며 네덜란드의 무역로를 차단하는 정책을 펴면서 네덜란드는 향신료를 구하기 어려워졌다. 이런 이유가 더해져 네덜란드는 독자적으로 아시아 항로를 개척하는 길을 선택한 것이다.

1596년에 아프리카 대륙의 희망봉을 경유해 최초의 네덜란드 배가 동아시아에 도착했고, 1600년에는 악천후로 항해가 불가능해진 네덜란드의 리프더(Liefde)호가 일본의 분고(豊後, 지금의 오이타 현)에 표착했다. 1602년에는 몇몇 무역상이 공동으로, 세계 최초의 주식회사인 네덜란드 동인도회사를 설립했다. 이곳은 상업 활동을 비롯해 조약의 비준권과 교전권까지 갖고 있었다. 1619년에는 인도네시아의 바타비아(Batavia, 지금의 자카르타)를 점령하고 요새를 건설해 네덜란드 동인도회사의 아시아 본거지로 삼았다. 동인도회사 설립 이후 동인도에서 향신료 무역의 실권은 포르투갈에서 네덜란드로 옮겨갔다. 앞서 소개한 후추 난파선은 포르투갈 향신료 무역의 유종의 미를 장식한 모습이었던 것이다.

참극으로 인해 알려진 배의 유물

네덜란드 동인도회사는 배에 실은 짐의 내역과 항해일지 등의 자료를 상세하게 남겨두었다. 이 자료를 보면 회사가 설립된 1602년부터 1799년 해산되기까지 총 8,190회의 항해를 했고, 그 중 305척이 사고로 좌초됐거나 침몰됐다.

해저 보물선 가운데 가장 유명한 것은 네덜란드 동인도회사 본거지의 이름을 붙인 바타비아호일 것이다.

1629년, 네덜란드를 떠나 인도네시아로 가는 선단 중 한 척이 바타비아호였다. 바타비아호에는 승객과 선원을 합해 총 316명이 타고 있었는데, 바타비아호만 선단에서 벗어나 호주 서해안 인근의 산호초에서 좌초된다. 승객과 선원 가운데 268명은 가까운 무인도에 상륙했고 선장과 수십 명은 바타비아호의 소형선을 타고 구조를 요청하러 가게 되었다. 그러나 무인도에 남겨진 사람들을 이끈 코르넬리스는 공포스러운 남자였다. 그는 식량난을 이유로 무인도 내에서 살육을 시작했고 주변 사람들도 점차 이성을 잃어갔다. 3개월 후 구조대가 도착했을 때는 무려 125명이 학살된 상태였다고 한다.

우리는 이 무시무시한 보물선에 대한 엽기적인 이야기를 제쳐두고, 수중고고학적으로 눈길을 끄는 바타비아호에 대량으로 남겨진 돌로 된 거대한 블록(벽돌)에 대해 살펴보기로 한다. 이들 블록은 바타비아 요새의 정문을 만들기 위한 재료였던 것 같다. 요새가 건설된 것은 1619년으로 기록되어 있는데 타국의 배나 원주민의 공격에 대비해 이후에도 요새의 보강이 이루어졌을 것이다. 이 유물은 17세기의 무역이 신사적인 비즈니스가 아니라 교전과 약탈에 가까웠음을 말해준다.

해저 보물선 바타비아호에서는 그 외에 많은 은제품과 은화가 발견되었다. 특히 흥미로운 것은 은화인데, 이것들은 주로 네덜란드와 독일 동전으로, 본국에서는 더 이상 사용되지 않는 오래된 것들이었다. 그러나 거래 상대인 동남아시아 상인에게는 은화는 그저 은화일 뿐이었다. 그래서 네덜란드 동인도회사에서는 본국에서 쓰지 않게 된 오래된 은화로 향신료를 사들인 것으로 보인다. 이것도 광물자원의 효과적인 재활용이라고 할 수 있다.

영국 왕이 건조한 세계 최초의 군함

영국은 16세기 후반 네덜란드보다 조금 앞서 세계무역에 참가했다. 영국 동인도회사의 설립은 1600년의 일로 네덜란드보다 2년 빠르다(그 후, 네덜란드와의 갈등으로 1623년 이후는 동남아시아에서 물러나 인도 무역에 전념했다. 그런데 운 좋게도 이 일은 결과적으로 영국에 대성공을 안겨 주었다. 그러나 이에 대한 이야기는 이 책의 의도와는 벗어나 있기 때문에 생략하기로 한다).

이야기를 더 알기 쉽게 하기 위해 100년 전으로 시간을 되돌려보자. 16세기 초, 영국은 유럽의 작은 국가였다. 잉글랜드와 웨일스 인구를 모두 합쳐도 400만 명이 채 되지 않았다. 프랑스의 인구는 1천 만 명이 넘었고, 스페인은 본국만 해도 700만 명, 이탈리아의 영지에도 400만 명이 있었다. 그런 때 영국(잉글랜드) 국왕에 즉위한 것이 왕비를 5번이나 바꾼 것으로도 유명한 헨리 8세다. 그는 로마 가톨릭 교회가 첫 번째 이혼을 인정해주지 않자 가톨릭과 결별하고 영국 국교회(신교)를 만들어 스스로 교황이 된 왕이다. 헨리 8세는 상당한 행동파였고 라틴어, 스페인어, 프랑스어에 뛰어났으며 머리도 명석했다.

헨리 8세가 영국 해군의 기함으로 1511년에 건조한 것이 군함 메리 로즈(Mary Rose)호다. 당시 군함은 상선을 전용한 것이 많았는데 이 배는 처음부터 대포 탑재를 가정해 만들어진 세계 최초의 군함이었다. 길이 45m, 폭 12m, 배수량 600t(1536년 개조 후에는 700~800t). 78문의 대포를 탑재했고 가장 무거운 포탄은 42파운드(약 19kg)나 되었다. 당시 이 정도로 막강한 파괴력을 가진 배는 없었기 때문에 다른 나라에 무척 위협적인 존재가 되었다. 선원 200명 외에 병사 185명을 더 태웠다고 한다.

1545년 7월 19일, 이 거대 군함은 프랑스와의 분쟁에 대비하여 영국 남부의 포츠머스(Portsmouth) 항을 출발해 소렌토 해협으로 향했다. 영국 국왕 헨리 8세는 해안에서 그의 함대가 출항하는 것을 지켜보고 있었다. 그런데 메리 로즈호는 갑자기 돌풍에 휘말려 순식간에 침몰하고 말았다. 이때 배에는 최소 400명이 승선하고 있었을 것으로 추측되는데 구조된 인원은 30명에 불과했다.

1836년, 한 샐비지 사의 잠수부가 소렌토 지방의 어부로부터 그물에 걸리는 목재를 제거해달라는 의뢰를 받았다. 그 잠수부는 다이빙 벨(Diving Bell, 범종 모양의 잠수 장치)의 선구자로, 당시 최신 기술을 갖고 있었던 딘 형제(John Deane, Charles Deane)다. 다이빙 벨은 이름대로 종을 바닷속에 담가 그 안에서 사람이 작업을 하는 장치다. 인양된 유물은 바로 경매에 올려졌는데 그 중에 '1537(년)'이라고 새겨진 청동 대포가 있었기 때문에 메리 로즈호의 유물로 판명되었다. 딘 형제는 인양한 유물의 수채화를 남겼는데 유물의 종류로 보아 선미 부근을 발굴했던 것 같다. 그러나 유물에 제대로 보존 처리를 하지 않았기 때문에 시간이 갈수록 손상이 심해지고 가치가 떨어져 현재는 그 행방조차 알 수 없다. 메리 로즈호의 발견 당시에는 영국에서 큰 화제가 되었지만 그 후 정확한 침몰 지점은 물론이고 기념해야 할 영국 해군 최초의 군함이라는 존재 역시 까맣게 잊혀지고 말았다.

수면 위로 떠오른 메리 로즈호

그런데 1950년대 이후 다이빙 기술이 보급되면서 심해와 해저에 대한 사람들의 관심이 크게 높아지기 시작했다. 세계의 바다에서 해저 보물선을 찾자는 목소리가 커지기 시작한 것이다. 그런 분위기 속에서 메리 로즈호도 1966년에 소렌토 해협의 해저에서 재발견됐다.

'헨리 8세의 군함이 재발견된다!'는 소식은 영국에서 크게 화제가 되었고 발굴 계획이 검토되었다. 영국 왕실도 전면적인 지원을 약속했다. 해군의 협력을 얻은 마가렛 룰(Margaret Rule) 박사의 프로젝트 팀이 조사와 발굴을 시작했다. 프로젝트에 드는 비용은 총 3,500만 파운드(약 600억 원—옮긴이)였다.

그러나 수중발굴 작업은 순조롭지 않았다. 잉글랜드 남쪽 해안과

와이트 섬 사이에 낀 소렌토 해협의 해역은 물의 투명도가 몹시 좋지 않아서 작업은 거의 시계(視界) 0m인 상태에서 작업이 진행되었다. 그런 악조건에서도 메리 로즈호는 재발견으로부터 16년 후인 1982년 마침내 물 밖으로 인양되었다. 헨리 8세의 눈앞에서 침몰된 지 437년만이었다. 먼저 수중에서 유물의 정확한 위치를 기록하고 기록이 끝난 유물부터 하나씩 인양했다. 마지막으로 틀로 선체를 둘러싸서 통째로 끌어올렸는데 이 쾌거의 순간을 이번에는 찰스 황태자가 가까이서 지켜보았다.

메리 로즈호에서 발굴된 1만 8천 점의 유물

메로 로즈호에는 다양한 종류의 무기가 탑재되어 있었다. 청동제와 철제 대포를 비롯해 갑판에 깐 레일에 묶어서 사용하는 소형 대포 같은 대인병기도 발견되었다. 이 소형 대포에 돌이나 쇳조각을 넣어 발사했다. 특히 관심이 가는 것은 배에서 발견된 대량의 활과 화살이다. 14세기 이후에는 대포를 비롯한 화기의 발명으로 배에 탑재되는 무기도 바뀌었지만 여전히 활과 화살이 동시에 사용되었음을 알 수 있다.

메리 로즈호가 건조된 것은 16세기 초의 일이다. 하지만 해전 전술은 기원전과 별반 다를 게 없었다. 적선에 접근해 옮겨 타서 전투를 벌이고 마지막에 적선을 빼앗는 것이다. 중세 이후 건조된 캐럭선이나 갈레온선이 선수(船首)와 선미(船尾)에 각각 망루를 만든 것도 적의 공격을 막으면서 동시에 적선에 쉽게 옮겨 타기 위해서였다. 대포는 처음 탑재되었을 당시 망루를 파괴하기 위한 보조적인 병기에 불과했던 것이다.

가령, 커다란 포를 실었어도 메리 로즈호는 중세 전투 방식의 흔적을 보여주는 배였다. 대량의 활과 화살이 그것을 상징한다고 할 수 있다. 그 외에도 적이 배에 옮겨 타는 것을 막기 위해 갑판 위에 그물 시트를 덮었던 흔적을 볼 수 있다. 갑판으로 뛰어 내리기 위해 적의 병사가 그물 시트를 찢는 동안 소형포로 쇳조각의 포격을 퍼붓는 것이다.

메리 로즈호가 침몰했을 때, 많은 선원들이 배에서 탈출하기 위해 갑판으로 몰렸다. 그러나 적으로부터 자신들을 보호하기 위한 그물 시트가 오히려 방해가 되어 배에서 탈출하지 못하고 배와 함께 가라앉고 말았다.

이번에는 메리 로즈호에서 인양한 1만 8천 점이 넘는 유물에 대해 알아보자. 배의 공간은 한정되어 있기 때문에 반입할 수 있는 물건에는 한계가 있다. 게다가 메리 로즈호는 화물을 싣는 상선이 아니라 적과 싸우기 위한 군함이었다. 그런 만큼 반입된 물건에는 그만한 이유가 있었을 것이다.

유물의 종류는 옷, 신발, 식기, 식료품 등 다양했다. 물론 로프, 돛, 수리 도구 등 배의 운항에 필요한 도구류도 많이 발견되었다. 일반 선원의 소지품은 지극히 소박한 데 비해 지휘관이나 지위가 높은 군인의 주거공간인 선미 쪽에서는 비교적 호화로운 의류와 식기가 발견되었다.

동물의 뼈도 나왔다. 통 안에는 아직 소뼈가 남아 있었는데 소금에 절인 고기를 담아두었던 것으로 생각된다. 그 외에 돼지, 양, 사슴의 뼈도 발견되었다. 매실 등의 과일과 음식 맛을 내는 데 사용된 후추 등이 발견된 걸로 보아 선상에서의 식사가 빈약하지는 않았던 것으로 짐작된다.

동물 뼈 중에는 개와 고양이의 뼈도 있었는데, 이것들은 애완동물의 것으로 생각된다. 군함이라고 해서 늘 전투 상태인 것은 아니므로 여가 시간에 무료함을 달래기 위해서라도 애완동물은 중요한 존재였을 것이다. 주사위와 백개먼(Backgammon, 열다섯 개의 말을 주사위로 진행시켜서 먼저 전부 자기 쪽 진지에 모으는 쪽이 이기는 게임—옮긴이), 체스 말도 발견되었다. 흥미로운 사실은, 주사위는 대포 옆, 체스의 말은 선미 부근에서 발견되었다는 점이다. 체스는 신분 높은 사람들의 놀이 도구였고 주사위는 하급 선원이 내기를 할 때 사용되었을 것이라고 추측할 수 있다.

그 외의 유물로는 빗도 발견되었다. 여성이 몇 명 승선했을 수도 있지만 이 경우는 남성용 빗으로, 멋을 내기 위한 용도가 아니라 이를 제거하는 데 쓰인 것이었다. 배에서는 좁은 공간을 여럿이 공유하고 물도 넉넉히 쓸 수 없기 때문에 위생적인 면에 문제가 생길 수밖에 없다. 당시 항해에 있어 이, 진드기, 쥐, 바퀴벌레 등과 인간의 공생은 하나의 필수요소였다.

3장에서 소개하는 다카시마(鷹島) 해저 유적(가마쿠라 시대에 일본을 습격한 원나라의 군함 중 침몰한 것으로 추정되는 선체가 발견되었다―옮긴이)에서도 빗이 발견되었다. 뱃사람에게 이가 들끓는 것은 동서고금, 만국 공통의 고민이었던 모양이다.

정말 국가가 해적 행위를 장려했을까

다시 16세기로 돌아가보자.

스페인의 압정에서 벗어나기 위해 네덜란드는 독립전쟁을 일으켰는데, 그것을 측면에서 지원한 것이 영국이다. 영국은 양을 방목하는 양모 원산국으로, 양모를 네덜란드에 수출하면 네덜란드는 그것을 모직물로 가공해 다시 판매했다. 즉, 모직물 산업으로 이해가 일치한 영국과 네덜란드는 공존공영의 길을 걷기로 한 것이다.

하지만 당시 스페인은 대국이자 강국이었다. 그 군사력을 보여준 것이 1571년의 레판토(Lepanto) 해전이다. 그 상대는 최강의 이슬람 세력인 오스만 제국이었다.

오스만 제국은 1453년, 이슬람 세력으로는 처음으로 난공불락인 콘스탄티노플을 공격해 비잔틴 제국을 멸망시켰다. 이것은 서유럽 국가들을 크게 놀라게 만들었고, 이후 오스만 제국은 유럽 전체를 위협하는 존재가 되었다. 오스만 제국은 그 후에도 세력과 영토를 확대해 1526년에는 마침내 합스부르크 왕가의 본거지인 빈을 포위하기에 이르렀다. 육지에서도 바다에서도 그들에게 대항할 상대가 없었다. 오스만 제국은 지중해 재패까지 계획할 정도였다. 이렇게 당시 최강의 오스만 제국 해군을 스페인 함대가 그리스 서쪽 해안인 레판토 앞바다에서 격파한 것이다. 이후 스페인 함대는 '무적함대(Armada, 알마다)'로 불리게 되었다.

무적함대를 거느린 스페인을 상대로 소국에 불과했던 영국이 대적할 방법은 없었다. 그럼에도 영국은 네덜란드의 독립을 지원하고 싶어 일시적인 방편을 쓰기로 했다. 당시 영국을 통치했던 엘리자베스 1세 여왕은 자국의 해적들에게 스페인 배에 대한 짐과 배를 약탈해도 좋다는 일종의 해적 행위 허가증인 '사략(私掠) 허가증'을 발행했다.

사방이 바다라는 지리적 요건에 오래 전부터 바이킹과도 인연이 깊던 영국에는 원래 해적이 많았다. 발견되면 국가의 처벌을 받았지만 이제 공식적으로 국가가 해적 행위를 보장해주었기 때문에 해적들도 생업에 열중했을 것이다. 국가로서도 해군의 부족한 전력을 해적이 보충해준다면 고마운 일이었다.

이렇게 해서 영국의 해적들은 차례로 스페인 배를 습격하기 시작했고, 신대륙에서 금과 은을 싣고 돌아가는 스페인의 상선이 그들의 주요한 표적이 되었다. 해적으로 인한 피해로 속을 썩이던 스페인의 펠리페 2세는 영국의 엘리자베스 1세 여왕에게 "해적 단속을 강화해 달라"고 여러 번 요청했다. 물론 표면적으로는 여왕도 단속을 약속했다. 하지만 결과적으로 여왕이 직접 해적을 선동하리라고는 꿈에도 생각하지 못했던 펠리페 2세만 우스운 꼴이 되고 말았다.

이런 상황 속에서 당시 악명 높던 영국 해적이 프랜시스 드레이크(Francis Drake)다. 드레이크는 5척의 배로 해적 행위를 하며 서쪽 항로로 마젤란 해협을 돌파했고 1577년부터 1580년까지 세계일주를 달성했다. 마젤란과 후안 세바스티안 데 엘카노(Juan Sebastian de Elcano, 1486/1487~1526, 스페인의 탐험가, 항해사)에 이은 쾌거다. 게다가 그는 영국에 귀국하자마자 30만 파운드에 상당의 약탈한 금은보화를 여왕에게 바쳤다. 30만 파운드는 당시 영국의 국고 수입과 거의 맞먹는 금액이었다.

스페인 함대의 패배

해적 행위가 이 정도로 공공연하게 이루어지자 스페인 국왕도 이상함을 감지하기 시작했고, 결국 스페인의 무적함대 알마다가 출격하게 되었다. 이렇게 해서 1588년, 스페인 무적함대와 영국 해군이 격전을 벌인 것이 알마다 해전이다.

양군의 장비에 대해서는 여러 가지 설이 있는데, 포르투갈의 리스본 항을 출발한 무적함대는 배 130척, 선원 8,000명, 병사 1만 8,000명으로 이루어졌고 놋쇠포 1,500문, 철포 1,000문을 갖추었다고 한다. 130척 중 정규 군함은 28척(갈레온 20척, 갤리 4척, 갈레아스 4척), 그 외는 무장한 대형 캐럭선이다.

영국 해군은 왕실 소속의 34척(그 중 19척이 갈레온선)과 여기저기서 모여든 무장 상선 163척으로 이루어졌다고 한다. 대부분 해적선으로 드레이크가 함대 부사령관을 맡았다.

이렇게 해서 영국해협(영불해협) 인근에서 해전이 시작되었는데 당시 스페인 함대의 전술은 시대에 뒤처진 것이었다. 이것은 적선에 접근해 옮겨 타는 전법으로, 영국은 이미 적의 전법을 숙지하고 있었다. 그래서 조작성이 뛰어난 배와 비거리가 긴 대포로 적의 배와 거리를 두며 싸웠다. 그러나 그것만으로는 스페인의 배를 침몰시키기에 무리가 있어 전투 중 침몰한 스페인 배는 많지 않았다. 결국 양쪽 모두 상대에게 결정적인 타격을 주지 못한 채 바다에서의 싸움은 무승부로 끝이 났다.

사실 이때 스페인은 육군과의 공동 작전을 계획했다. 대기하던 육군 부대와 합류해서 영국 본토까지 육군을 수송하여 단번에 상륙 작전을 감행하려는 것이었다. 그러나 신뢰할 만한 통신수단을 확보하지 못해 결국 함대와 육군은 합류하지 못했다. 이런 상황 속에서 그들은 일단 본국으로 돌아가 다시 전략을 세우는 수밖에 없었다.

결국 스페인의 무적함대는 치명적인 손실 없이 귀국 길에 올랐다. 그러나 이때 운 나쁘게도 남쪽에서 강풍이 불어왔다. 그래서 함대는 적과 최대한 멀어지도록 영국을 시계 반대방향으로 우회하여 아일랜드 북쪽을 빠져나가기로 했다. 그러나 이 항로 선택이 결국 무적함대를 종말로 이끄는 치명적인 원인이 되고 말았다.

그 해 아일랜드 섬 북쪽 해역에는 계절에 맞지 않는 폭풍우가 거칠게 불어댔다. 여름에는 보기 드문 허리케인급 폭풍우였다. 이 해역에 익숙하지 않은 스페인 함대는 통제력을 잃었고 배들은 스코틀랜드 서쪽 해안과 아일랜드 서쪽 해안으로 떠밀려 부딪치면서 어떤 배는 좌초했고 어떤 배는 침몰했다. 기록에 의하면 이 퇴각 과정에서 전체의 30%가 넘는 배들이 침몰했고 타고 있던 과반수의 병사와 선원이 목숨을 잃었다고 한다. 전투가 아닌 좌초와 침몰, 조난에 의한 사고사로 이어진 것이다. 어느 자료에는 무사히 스페인에 귀국한 것은 67척뿐이었다고 밝힌 것도 있다. 결과적으로 스페인의 무적함대는 이렇게 패배했다.

이상이 문헌에 적힌 알마다 해전의 대략적인 설명이다.

발굴로 드러난 무적함대의 초라한 실상

스코틀랜드와 아일랜드 서쪽 해역에서 스페인 무적함대의 보물선이 여러 척 발견되었다. 이 발견으로 해전에 잡다한 배가 사용되었음이 밝혀졌다. 당시 스페인은 유럽 각지에 영토를 갖고 있었기 때문에 여기저기서 많은 배들이 모여들었을 것이다. 발트해에서 만들어진 것, 이탈리아 달마티아(지금의 크로아티아 아드리아해 연안) 지방의 상선, 지중해 갤레선, 바스크의 포경선 등 속도와 성능이 제각각인 배들로 선단이 형성된 것을 엿볼 수 있다.

탑재품도 천차만별이다. 비교적 많이 볼 수 있었던 것은 저장용 항아리로, 이것 역시 배와 마찬가지로 다양한 지역에서 만들어졌다. 아마도 영국 상륙 작전에 대비해 먹거리를 준비했던 용도였을 것이다.

병사의 장비도 일률적이지 않았다. 당시에는 제복이 지급되지 않았기 때문에 각자 사비로 무기와 보호 장비를 준비했는데, 그렇다고는 해도 전투와는 아무런 상관이 없어 보이는 장비들도 있었다. 단순히 자신의 사회적인 지위를 드러내고 싶었던 듯 금화, 보석, 고가의 중국제 도자기 등이 상당 수 발견되었다. 또, 계산해보면 배 한 척당 승선한 병사의 수도 상당히 많았다. 그것은 상륙 작전에 대비했어야 했고 적의 배를 빼앗는 것이 스페인의 기본 전술이었기 때문에 선원과 병사의 수가 많아야 했을 것이다. 그래서 배는 무거워지고 조작성도 떨어졌던 것으로 추측된다.

치명적이었던 것은 포탄의 크기가 가지각색이고 대포의 구경도 통일되지 않았다는 점이다. 구경에 맞지 않는 포탄을 사용하면 발사시 포가 파열할 위험이 있다. 발사했다고 해도 명중률이 낮고, 명중했어도 불발탄이 될 가능성이 있다. 이래서는 적의 함대와 제대로 싸울 수 없다. 그런데 애당초 스페인 함대에게 대포는 보조적인 무기에 불과했다. 기본은 적선에 접근해 옮겨 타는 접근전이었기 때문이다. 대량으로 발견된 칼, 창, 수류탄, 작렬탄 같은 대인병기가 그 사실을 뒷받침해주고 있다.

이것이 전부가 아니다. 해저 보물선의 발굴은 지금까지 언급되지 않았던 사실을 밝혀주었다. 문헌을 보면 무적함대는 출격 준비에 많은 시간을 들인 것 같은데 그에 비해 무기의 모양이나 성능이 매우 조잡하다. 새로 만든 대포인데도 발사축이 어긋나 포탄이 곧바로 날아갈 수 없었고, 포탄을 만드는 시간이 부족했는지 쇠로 된 작은 포탄을 납과 쇠로 덧싸서 커다랗게 만든 것도 있었는데 이것도 포탄의 중심점이 비뚤어져서 제대로 날지 못하는 탄이다. 납으로 된 '껍질'이 깨진 포탄의 잔해도 발견되었다. 이것들은 무엇을 의미할까? 사실은 출격까지 시간이 촉박했거나 혹은 함대의 사기나 능력이 저하됐던 게 아닐까.

이번에는 배에 대해서 알아보자. 지로나(Girona)호는 나폴리에서 만들어진 갈레아스선으로 길이 45m, 폭 7m의 대형선이다. 갈레아스선은 갈레선을 크게 만든 것으로, 지중해처럼 잔잔한 바다에서는 다루기 쉽지만 뭍에서 멀리 떨어진 대서양에서는 조작이 어려웠을 것이다. 원래는 조작성이 뛰어난 삼각돛이었는데 갈레아스선이 되면서 힘 좋은 가로돛으로 바뀌었다. 이 배에는 이탈리아인이 타고 있었는지 르네상스식 보석과 금화 1,000개가 발견되었다.

라 트리니다드 발렌세라(La Trinidad Valencera)호는 무적함대에서 가장 큰 배로 1,100t의 배수량이 돋보였다. 이 배는 시칠리아 섬에서 제조된 곡물 운반선이다. 이 배에서 주목할 것은 조선기술로 늑골(프레임)과 외판을 접합하는 데 나무못이 아닌 쇠못만 사용했다. 외판의 두께도 외항용 선박치고는 너무 얇다. 이것은 지중해에서 대량의 화물을 운반하기 위해 만들어진 배였으므로 대서양, 그것도 폭풍우가 몰아치는 북해에는 전혀 어울리지 않는 배였다.

달마치아 지방에서 만들어진 것으로 보이는 산 후안 데 시칠리아(San Juan de Sicila)호도 비슷한 구조인데, 영국 함대의 공격을 받은 흔적이 선명하게 남아 있었다. 상태로 보아 가까스로 침몰의 위기는 넘겼지만 비교적 큰 타격을 입은 상태였다. 그런데 이 흔적이 적의 공격과 배의 대포를 발사할 때 생기는 진동으로 접합부에 틈이 생긴 것이라는 설도 있다. 혹은 지중해용 배는 늑골과 외판의 접합이 약해서 대포를 발사할 때마다 배에 타격을 주었기 때문에 보통이라면 견뎌냈을 폭풍우에도 맥을 못 추었을 수도 있다.

이렇게 수중고고학의 시각에서 무적함대의 배를 검증하면 '역사 속의 막강한 무적함대는 이름뿐이고 사실은 통솔이 제대로 되지 않은 오합지졸의 함대가 아니었을까' 하는 생각이 든다.

이 해전을 마지막으로 중세부터 계속된 적의 배를 강탈하는 전법은 거의 사용되지 않게 되었다. 이후에는 사정거리가 긴 대포를 발사하는 포격전이 주류를 이루었다. 그래서 종래처럼 기존에 있던 상선에 대포만 탑재하는 것이 아니라 그에 적합한 배가 설계되었다. 이후 대포의 구경 등 규격도 통일되어 차츰 근대 해군으로 발전했다.

해적의 도시, 포트 로얄

사략 허가장 이야기가 나온 김에 소년의 심장을 두근거리게 하는 바다의 악당, 해적의 유적을 알아보자.

보통 보물선이라고 하면 해적선을 떠올리는 사람이 많다. 그러나 해저 보물선 발굴 조사에서 그것이 해적선이라고 판정하기란 쉽지 않다. 왜냐하면 해적선 고유의 특징 같은 것은 애당초 존재하지 않기 때문이다. 예를 들어, 대량의 무기가 발견되었어도 근대 이전의 상선들은 해적 출몰에 대비해 무장을 하기 때문에 그것이 해적선이라는 증거는 되지 않는다. 또, 배의 구조에 결정적인 특징이 있다고 해도 그 자체로는 아무런 의미가 없다. 해적은 배를 자주 바꿔 탄다. 지금 타고 있는 배가 낡으면 언제든지 새 배를 빼앗아 갈아탄다.

배를 보고 해적선의 여부를 판단하기 전에 무엇을 해적이라고 하는지, 해적에 대한 정의 자체도 애매하다. 예를 들어, 알마다 해전에서 영국 함대의 부사령관을 맡은 프랜시스 드레이크는 영국인들에게 조국의 영웅이지만 카리브해에서 그에게 습격당한 스페인 배의 선원들에게는 혐오스러운 해적일 뿐이다. 실제로 많은 사람이 그를 '엘 드라코(El Draco, 악마의 화신)'라고 부르며 두려워했다.

여기서는 먼저 해적도시로 유명한 포트 로얄(Port Royal)의 발굴에 대해 알아보자. 앞서 영국이 발행한 해적 허가증인 사략 허가증에 대해서 설명했는데 영국 해적들이 많이 모여 있던 곳이 카리브해 자메이카의 항구도시 포트 로얄이었다. 포트 로얄은 17세기 무렵 '세계에서 가장 부유하고 가장 타락한 도시'로 불렸다. 영화 〈캐리비안의 해적-세상 끝에서Pirates of the Caribbean〉의 도입부에 나오는 항구도시라고 하면 이해하기 쉬울 것이다. 스페인은 16세기 초부터 자메이카를 자신들의 지배하에 두었는데 이 섬에서는 금이나 은

이 나오지 않았기 때문에 왕실은 자메이카에 거의 관심을 갖지 않았다. 그 틈을 타서 영국이 1655년에 자메이카 섬을 슬그머니 점령해버렸다.

자메이카 섬은 카리브해 중심에 위치해 남아메리카, 쿠바, 플로리다를 잇는 무역의 요점으로 발달했다. 항구도시로 번창한 포트 로얄은 부와 명성을 노리는 영국의 '공인 해적'들이 속속 몰려들면서 급속한 발전을 이루었다. 금과 은을 비롯한 스페인 배에서 얻은 무역품도 거래되었는데 이 지역 주변의 설탕도 직접 매매되었다. 노예를 사고파는 행위도 이루어졌다.

믿기 어려운 것은 17세기 후반 포트 로얄의 땅값이 영국의 런던보다 비쌌다는 사실이다. 시기적으로 청교도(Puritan) 혁명 시대에 해당하기 때문에 청교도가 지배한 영국의 소박한 삶에 비하면 포트 로얄은 사치와 흥청거림으로 들썩거렸다. 짧은 기간에 막대한 부를 이룬 사람도 있었다. 이렇게 해서 포트 로얄은 영국의 신앙심과는 무관하게 '세계에서 가장 부유하고 가장 타락한 도시'가 되었다.

대지진으로 가라앉은 도시의 해저 유적

그러던 어느 날, 타락의 도시 포트 로얄에 비극이 덮치고 이후 조사 및 발굴이라는 문제 해결을 위해 수중고고학자가 나서게 된다.

갑작스런 대지진이 발생하여 도시의 3분의 2가 그대로 가라앉은 것이다.

당시 포트 로얄에는 2,000채가 넘는 건물들과 약 6,000명의 사람들이 살고 있었다. 도쿄 디즈니랜드의 절반도 채 안 되는 21만m²의 작은 항구도시에 그토록 많은 건물과 사람들이 있었던 것이다. 1692년 6월 7일 오전에 일어난 대지진으로 인해 모래땅에 인공적으로 세워진 도시는 액상화 현상(지진 진동으로 지반이 다량의 수분을 머금어 액체와 같은 상태로 변하는 것—옮긴이)으로 가라앉았고 지진과 해일이 단숨에 도시를 삼켜버렸다. 희생자는 2,000여 명이었으나 이후 발생한 전염병으로 남은 인구의 절반 이상이 목숨을 잃었다.

생존한 피난민을 위해 킹스턴(Kingston)이라는 도시가 건설되었는데 이것이 지금의 자메이카 수도가 되었다. 한편 포트 로얄은 항구의 기능을 회복하지 못하고 순식간에 쇠퇴해버렸다. 자메이카의 중심 도시는 만과 마주한 킹스턴이 되었지만 해적들이 모여들지 않아 포트 로얄처럼 자유롭고 달콤하며 위험한 향기를 두 번 다시 맡을 수 없게 되었다.

지진으로 도시가 사라질 만큼 큰 타격을 입은 포트 로얄은 현재 작은 어촌 마을로 남아 있다. 하지만 현지인들은 가끔씩 바다에서 옛 도시의 유물을 건져 올려 여전히 예전에 맛보았던 화려한 명성이 회자되고 있다.

1960년대 들어 보물 사냥꾼이 해적의 보물을 찾아 이곳의 유적의 일부를 발굴하자 양식 있는 현지인들로부터 전문적인 고고학 조사를 바라는 목소리가 높아져 1980년대 이후 텍사스A&M대학교 연구팀이 발굴 및 조사를 맡게 되었다. 그 결과, 당시 도시의 모습이 조금씩 드러났다. 보물선뿐 아니라 이러한 유적 조사 역시 수중 고고학 작업의 중요한 일부분이다.

조사팀이 수심 2.7m 정도의 얕은 해저로 내려갔을 때 반듯하게 나 있는 길이 눈앞에 펼쳐졌다. 건물은 대부분 파괴되었지만 기초 부분은 아직 남아 있었다. 바다 밑의 상태와 당시 도시의 지도를 비교해 보아도 도로의 위치는 지진 전후가 크게 다르지 않았다. 이후 발굴 계획은 쉽게 세워졌다. 현재 있는 도로에서 바닷속으로 선을 그어 예전 지도에 맞춰 발굴하면 된다.

처음에 선택한 발굴 장소는 예전의 라임 거리를 중심으로 퀸 거리와 하이 거리의 교차점으로 둘러싸인 부분이다. 대지진 당시의 기록에는 "순식간에 도시가 바닷속으로 가라앉았다"고 씌어 있는데, 발굴 결과 그것은 정확한 표현이었다. 연구팀이 발견한 것은 재해로 갑작스레 모든 것이 정지된 삶의 흔적이었다. 한 건물에는 방 안에 커다란 목재가 쓰러져 있어 당초에는 집의 기둥일 거라고 예상했는데 모래를 제거하다 보니 기둥이 아니라 배였다. 집 안에 배가 있을 리는 없고, 지진과 해일로 배가 집 안까지 밀려온 것이다.

도시가 서서히 가라앉았다면 지진·해일로 침몰한 배가 건물 위에서 발견되지는 않을 것이다. 이것은 처음에 갑자기 도시가 가라앉고 그 후에 몰아닥친 지진·해일로 배가 가라앉았다는 것을 입증하고 있다.

조사 중 회중시계도 발견되었다. 시계 바늘은 11시 43분에 멈춰 있었다. 평소 주인이 시계의 시간을 정확히 맞춰 놓았다면 바늘이 가리키는 시간이 지진이 발생한 시간이 된다. 증언에 의하면 정오 직전에 지진이 일어났다고 되어 있으므로 거의 틀림없을 것이다. 이 유물은 재해의 순간을 기록한 귀중한 고고학 자료가 되었다.

발굴된 다른 건물에서는 어니언 보틀(Onion Bottle)이라 불리는 유리병이 60개 넘게 발견되었다. 내용물은 특정 지을 수 없지만 어니언 보틀은 맥주를 비롯한 알코올 음료를 보관하기 위해 사용되는 병이므로 이 건물은 분명히 술을 팔던 곳이었을 것이다. 과연 '해적 도시'의 유명세가 실감나는 발견이었다.

여기저기 수리한 흔적이 눈에 띄는 건물도 많았다. 공간을 나눠 작은 방을 만든 게 아닐까 짐작된다. 2층 건물이 많고 안마당을 없애서 방으로 만든 곳도 있다. 건물을 작은 공간으로 나눠 이용한 점이 일본의 민가를 연상케 한다. 포트 로얄은 급속히 발달한 도시라서 땅이 부족해 방을 새로 만들어 늘리거나 나눠 사용했을 것이다.

건물은 대개 벽돌로 지어졌는데 간혹 목조나 석조 건물도 있었다. 이 도시에는 여러 나라에서 온 여러 인종이 모여 살았다. 그래서 나란히 있는 집도 서로 다른 건축법으로 지어진 경우를 종종 볼 수 있다. 유물의 종류도 천차만별이다. 스페인산, 네덜란드산, 영국산 잡화와 장신구, 중국제 도자기도 몇 건 보고 되었는데 이것은 스페인의 마닐라 갈레온 무역으로 들어온 것이 아닐까 짐작한다. 혹은 누군가의 약탈품일 수도 있지만 진실은 아직 알 수 없다.

해적 캡틴 키드의 항로를 쫓아라

7곳의 바다를 주름잡던 해적들은 해저 보물선에도 그 흔적을 남겼다. 처음에 발견된 배의 주인은 '캡틴 키드'로 알려진 악명 높은 해적, 윌리엄 키드(William Kidd)다.

키드는 스코틀랜드에서 태어나 미국 뉴욕으로 이주하여 성공한 상인이었다. 그런데 영국을 방문해 귀족들과 가까이 지내면서 그들의 출자로 사략 허가증을 손에 넣는다. 이것은 앞서 설명한 대로 '해적 행위를 해도 좋다'는 국가의 보증서인데, 약탈한 재물은 출자자와 분배하도록 되어 있었다. 한마디로, 후원자가 있는 해적이다. 시대는 17세기 말로 당시 영국은 식민지를 둘러싸고 프랑스와 대립했는데 이때 목표물이 된 것은 스페인 배가 아니라 프랑스 배였다. 그래서 당초에는 키드도 프랑스 배로 한정하여 공격했는데 돈벌이가 되지 않자 영국 배를 제외하고 무차별적으로 공격하게 된다. 키드의 배는 36문의 대포를 실은 어드벤처 갤리(Adventure Galley)호였다.

1698년 1월, 키드는 인도양에서 프랑스 국기를 단 퀘다 머천트(Quedah Merchant)호를 나포한다. 그런데 놀랍게도 선장은 영국인이고 배 자체도 영국 선적이었다. 하지만 약탈한 이상 어쩔 수 없었다. 키드는 그대로 배 두 척을 이끌고 마다가스카르 섬으로 향했다. 그런데 섬에 도착한 순간 선원들이 반란을 일으켰고 키드는 자신을 따르는 사람이 소수에 불과하자 결단을 내려 노후된 어드벤처 갤리호를 불태우고 나포한 퀘다 머천트호에 짐을 옮겨 실은 후 영국으로 탈출했다.

영국으로 돌아가던 중 키드는 영국이 자신을 해적으로 수배했다는 사실을 알게 되었다. 퀘다 머천트호가 동인도 회사의 배였고, 인도의 무갈 제국 황제가 직접 출자한 짐을 싣고 있었기 때문이다. 무갈 제국은 약탈 보고를 받은 즉시 영국에 대해 해적 행위를 중지하라고 호소했다. 당시 인도 무역으로 부를 쌓기 시작한 영국은 인도와의 관계를 유지해야만 했다. 여기에 과거의 살인죄까지 더해져 키드는 쫓기는 신세가 되었다. 처음에는 영국에서 멀리 도망칠까 생각했지만 명예 회복을 위해 뉴욕으로 돌아갔다가 체포되어 영국으로 송환되었다. 자국의 배를 습격한 키드의 재판은 그에게 출자한 귀족들에게까지 불똥이 튀어 영국의 일대 스캔들이 되었다. 마지막까지 그의 무죄는 인정되지 않았고 1701년 5월 그는 온몸이 묶인 채로 템스 강 근처에서 교수형에 처해졌다. 그의 시신은 완전히 부패될 때까지 그대로 매달려 있었다.

사형 집행 직전, 키드는 보물을 감춰둔 장소를 말하려고 했다고 전해진다. 자신의 보석금으로 쓰기 위해 보물을 아무도 모르는 곳에 감췄는데 그로 인해 '캡틴 키드의 감춰진 보물이 지금도 어딘가에 잠자고 있다'는 전설이 생겼고, 로버트 루이스 스티븐슨의 소설 〈보물섬〉에도 등장하게 된다.

키드가 나포한 퀘다 머천트호는 인도에서 만들어진 400t 급 상선이다. 키드는 체포되기 전에 이 배를 지인에게 부탁해 현재의 도미니카 공화국 카타리나 섬에 숨겼다고 한다.

바닷속에 가라앉은 것은 키드의 해적선일까

2007년 카타리나 섬 인근에서 키드의 보물선을 찾기 위한 수중 사전 조사가 이루어졌다. 스노클링을 하던 섬 주민이 바닷속에서 뭔가 수상하고 커다란 덩어리를 발견하고 정부에 신고한 것이 계기가 되었다. 장소는 키드가 기술했던 곳과 일치했다. 그래서 2007년 유적에 대한 전체적인 파악을 끝내고 다음해부터 본격적인 조사가 시작되었다.

영국령이던 카리브해의 한 섬에서 발행된 우표. 우표 속 주인 공이 바로 '블랙 비어드'다. 오른쪽은 온몸이 끈에 묶여 매달 린 캡틴 키드. 해적과 관련된 지역에서는 지금도 해적을 관광 자원으로 적극 활용하고 있다.

선체의 상부 구조는 거의 남아 있지 않았지만 26문의 대포는 쉽 게 확인할 수 있었다. 또, 발굴 과정에서 발견된 커다란 쇳덩어리는 2m 높이로 쌓아놓았던 대포라는 것이 밝혀졌는데, 기록에 의하면 키드는 어드벤처 갤리호에 있던 대포를 퀘다 머천트호로 옮겨 선체 의 밸러스트(Ballast, 배를 안정시키기 위해 바다에 싣는 모래, 자갈 등의 무 거운 물건)로 사용했다고 전해진다. 발견된 유물은 주로 17세기 후반 의 것이고 선체는 티크로 만들어졌다.

티크는 동남아시아가 원산지로 주로 동남아시아 일대나 인도에 서 배를 만드는 고급 재료로 이용되었다. 그 외의 지역, 가령 카리 브해 주변에서는 18세기 이전에 사용되지 않았다. 따라서 17세기 후반에 티크로 만들어진 배라는 점에서 동남아시아나 인도에서 만들어졌을 것으로 추정할 수 있다. 배에 실은 짐의 내용을 보아도 이 보물선은 캡틴 키드의 퀘다 머천트호로 유추되었다.

좀 더 자세히 짐을 살펴보니 짐이 밀집해 있는 공간과 비어 있는 공간이 있다는 것을 알 수 있었다. 당시 동인도회사에서는 여러 가지 원재료를 취급했다. 특히 설탕은 고가 상품이었고 유럽에서 재배되지 않는 채소, 과일, 향신료도 고가로 거래되었다. 빈 공간은 그것들이 부패해 녹아버린 흔적이 아닐까. 혹은 배를 맡은 키드의 지인이 배를 폐기하기 직전에 물건을 팔아버린 걸까.

이 보물선에 대한 조사는 아직 시작 단계에 있다. 관계자는 가까운 장래에 이 보물선을 해저 박물관으로 옮겨 일반에게 공개할 것을 검토 중이라고 한다.

해적 '블랙 비어드'는 실제로 존재했다

악명 높은 또 한 명의 해적 중에 '블랙 비어드(검은 수염)'가 있다. 물론 이것은 일반적인 호칭으로, 정확한 본명은 알 수 없다.

18세기는 카리브해의 해적들이 가장 왕성히 활동했던 시기다. 그중에서도 '블랙 비어드'의 존재는 특히 잘 알려져 있다. 에드워드 티치(Edward Teach), 혹은 에드워드 태치(Edward Thatch)로 불리기도 하는데 둘 다 가명일 것으로 추측된다. 일설에 의하면 그는 영국인으로, 앤 여왕 전쟁(1702~1713. 스페인 왕위 계승 전쟁 때 일어난 영국과 프랑스 간의 식민지 전쟁—옮긴이)에 영국군의 사략선(私掠船, 전시에 적선을 나포하는 면허를 가진 민간 무장선—옮긴이) 선원으로 참전했다. 칼과 총을 여러 개 갖고 다녔고, 자랑스러워하는 검은 수염에는 도화선 등을 땋아 넣고 다녔다고 한다.

1717년, 블랙 비어드는 서인도 제도의 마르티니크 섬 인근에서 프랑스 노예선인 라 콩코드(La Concorde)호를 나포했다. 이 배의 배수량은 약 200t으로, 500명 가까운 수의 노예가 타고 있었다.

그 당시는 노예무역이 활발히 이루어져 유럽에서 서아프리카로 무기와 잡화를 가져다 팔고 거기서 노예를 사서 서인도 제도로 끌고가 팔았다. 그리고는 그 돈으로 설탕을 사서 유럽으로 돌아갔다. 일명 삼각무역이다. 흑인 노예는 서인도 제도 사탕수수 농장과 금광에서 중요한 노동력으로 사용되었다.

한편 노예선을 나포한 블랙 비어드는 노예들을 인근의 작은 섬에 버려두고 출발했다. 라 콩코드호의 선원은 블랙 비어드의 부하가 되었고, 그는 배 이름을 '앤 여왕의 복수(Queen Anne's Revenge)호'로 바꿔 짓는다. 이후 이 배가 블랙 비어드의 기선이 되었다.

그는 이후에도 해적 행위를 하면서 여러 척의 배를 나포해 선단을 형성했다. 1718년 블랙 비어드의 해적 군단은 영국의 식민지였던 찰스톤 항(지금의 노스캐롤라이나 주)을 포위하고 항구를 출입하는 상선을 나포했다. 이렇게 방약무인한 그들의 행위를 지켜보고만 있을 수 없었던 영국은 즉시 해군을 파견한다. 이것이 자신의 인생에서 중요한 고비라고 생각한 블랙 비어드는 '앤 여왕의 복수호'를 좌초시키고 많은 부하를 그대로 남겨둔 채, 충성을 맹세한 극소수의 부하와 값나가는 보물만 챙겨 달아났다.

하지만 결국 그는 해군의 추격으로 붙잡혀 참수형에 처해졌고 해군은 그의 목을 영국 군함 뱃머리에 매달아두었다고 한다.

많은 술과 식량을 실은 해적선

당시의 문헌과 자료가 남아 있었기 때문에 '앤 여왕의 복수호'의 침몰 지점은 어느 정도 추측할 수 있었다. 그러나 막상 탐색을 시작하면 모든 과정이 생각만큼 쉽지 않게 진행된다.

1988년부터 '앤 여왕의 복수호'에 대한 수중고고학 조사가 시작되었다. 매년 수주일 동안 배에 전기탐사기를 장착하고 정해진 해역을 오갔다. 전기탐사기는 쉽게 말하면 금속탐지기라 할 수 있는데, 미량의 전기에도 반응한다. '앤 여왕의 복수호'를 발견한 것은 1996년이다. 조사 기간만 무려 8년이 걸렸다. 그렇지만 다른 보물선의 위치도 동시에 확인하기 위한 조사였고, 실제로 여러 척의 보물선을 확인했기 때문에 그리 긴 시간은 아니었다.

발견 당시에는 닻의 끝 부분만 육안으로 확인되었는데, 전기탐사기에는 큰 반응을 보였다. 보물선일 가능성이 높아 조사해보니 실트(Silt, 모래보다 잘고 진흙보다 거친 침적토)가 두껍게 쌓여 있었다. 1.2m 가량 파냈을 때 겨우 유물과 선체가 보였다. 무턱대고 파면 시간과 힘만 들기 때문에 전기탐사기를 부분적으로 사용해 금속 반응이 강한 지점만 발굴하는 방법을 썼다.

유적 전체는 45×16m 정도의 범위에 유물이 흩어져 있는 상태로, 선체로 추정되는 부분은 7.6×4.5m밖에 남아 있지 않았다. 발견된 21문의 대포는 대부분 6파운드 포였다. 여러 가지 유물이 발굴되었지만 가치가 있는 유물은 선미 부근에서만 발견되었다. 이것으로 해적들 간에 신분 차이가 존재했음을 추측할 수 있다. 또, 통에 사용하는 둥근 쇠고리가 많이 발견된 걸로 보아 대량의 식량과 술을 실었던 사실도 알 수 있다. 일반 상선에 비해 싸우는 인원이 많은 해적선에는 먹을 것을 비롯한 물자를 많이 비축해둘 필요가 있었고, 그것들을 보급하는 것이 매우 중요했을 것이다.

이 유적은 지금도 조사가 계속되고 있어 매년 조금씩 발굴이 진행되고 있다. 유물의 보존 처리 방법이 순조롭게 발전하면 앞으로 많은 사실이 밝혀질 것이다. 해적선과 상선의 장비 차이 등 앞으로 연구해야 할 주제는 많다. 해적의 실태가 해저 보물선을 통해 우리 앞에 서서히 그 모습을 드러내고 있다.

2장

유럽의 역사를
만든 배들

©Mark Pruitt

재현된 바이킹 배.
극단적인 V자형의 횡단면을 보이는 구조는
북해의 거친 바다를 항해하기에 적당했다.

유럽사의 타임캡슐이 된
해저 보물선들

 1장의 '대항해 시대'는 인류 역사상 배의 활약상이 컸던 시대로 이후 인류의 행동 반경은 비약적으로 넓어졌다. 사람들은 15세기 후반부터 미지의 바다로 배를 몰고 나갔고 넓은 바다를 가로질러 새롭게 발견한 대륙과 섬에 상륙해 낯선 이들을 만나게 되었다.

 그런 새로운 시대를 맞이하기까지 사람과 배는 어떻게 함께해 왔을까. 2장에서는 대항해 시대의 막이 열리기 전까지 유럽의 역사를 전체적으로 살펴보면서 시대별로 특징 있는 보물선을 소개하고 발굴 조사를 통해 밝혀진 사실을 알아본다. '해저 보물선을 통해 밝혀진 사실'과 우리가 살아온 역사와는 어떤 관련이 있을까.

쿠푸 왕과 잠자는 거대한 배(BC 3000)

세계 4대 문명 중 하나인 이집트 문명은 나일 강 하구에서 발전했다. 나일 강은 남쪽에서 북쪽으로 흐르고, 바람도 항상 북쪽에서 남쪽을 향해 분다. 그렇다면 배로 상류에서 하류로 이동하는 것이 간단한 것은 물론이고, 돛 한 장만 있으면 하류에서 상류로 이동하는 것도 비교적 쉬웠을 것이다.

1954년, 쿠푸 왕(고대 이집트 제4왕조의 왕—옮긴이) 피라미드에서 발견된 '쿠푸 왕의 태양의 배'는 현존하는 배 중 가장 오래된 '높은 기술력'이 입증되는 배다. 이 배는 기원전 2500년경에 만들어졌는데 649개의 부품으로 해체된 상태로 피라미드의 돌 구덩이에 들어 있었다. 조립해보니 길이 43.6m, 폭 5.9m에 이르는 매우 큰 배였다. 삼나무가 주로 사용되었고 물에 잠겼던 흔적이 있었다. 쿠푸 왕의 시체를 옮기기 위해 사용했을 수도 있고 혹은 생전에 왕이 애용했던 배였을 수도 있다. 어쨌든 이집트인들은 사후 세계에서도 쿠푸 왕이 이 배를 사용할 수 있도록 시체와 함께 안치했다.

이 배는 상선도 군함도 아닌 특별한 배로, 물론 침몰선도 아니다. 해저 보물선을 소개하는 이 책에서 소개하기에 적합하지 않을 수도 있지만 이 배는 당시의 기술 수준을 드러내는 중요한 존재이므로 소개하기로 한다.

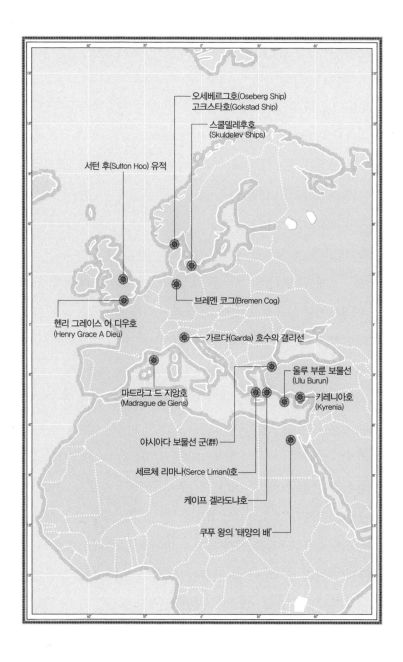

오세베르그호(Oseberg Ship)
고크스타호(Gokstad Ship)

스쿨델레후호
(Skuldelev Ships)

서턴 후(Sutton Hoo) 유적

브레멘 코그(Bremen Cog)

헨리 그레이스 어 디우호
(Henry Grace A Dieu)

가르다(Garda) 호수의 갤리선

울루 부룬 보물선
(Ulu Burun)

마드라그 드 지앙호
(Madrague de Giens)

키레니아호
(Kyrenia)

야시아다 보물선 군(群)

세르체 리마나(Serce Limani)호

케이프 겔라도냐호

쿠푸 왕의 '태양의 배'

세계에서 가장 오래된 보물선 울루 부룬(BC 1300)

현재 고고학적으로 가장 오래된 해저 보물선은 터키 남쪽 앞바다의 지중해에서 발견된 울루 부룬(Ulu Burun) 보물선이다. 이 배는 출토된 유물을 분석한 결과 기원전 1300년경에 시리아, 팔레스티나 지역에서 건조된 배로 추측된다. 울루 부룬은 미케네 문명의 중심지인 그리스 미케네와 이집트(이집트의 멤피스 또는 테베)를 잇는 중계무역선으로, 기항지는 터키의 키프로스 섬이었을 것이다. 발견된 금, 은, 호박, 상아 등의 보물은 타조 알이나 유리 주괴(鑄塊)와 함께 이집트에서 싣고 온 것들이고, 동과 주석은 키프로스 섬의 특산품으로 도중에 키프로스에서 실은 것으로 보인다. 그리고 나서 미케네 방면으로 향하던 중 이 해역에서 침몰됐다. 보물선에서 발견된 10t의 동과 1t의 주석은 당시 청동(동과 주석의 합금)을 만들 때의 배합 비율 그대로일 것이다. 청동은 주석의 비율을 높일수록 단단해진다.

울루 부룬 보물선보다 100년쯤 지나고 난 후, 기원전 1200년경에 건조된 것이 프롤로그에서 소개한 케이프 겔리도냐 보물선이다. 이것도 이집트나 시리아에서 그리스 방면으로 향하는 배로, 터키 남부의 케이프 겔리도냐 부근에서 침몰했다. 울루 부룬 보물선과 케이프 겔리도냐 보물선의 길이는 양쪽 다 10m 전후로, 동괴(銅塊)

울루 부룬 보물선에서는 시리아와 이집트의 장신구가 발견되었다. 왼쪽은 풍작의 여신, 오른쪽은 별 모양을 본뜬 펜던트.

를 싣고 있었다는 점에서는 같지만, 케이프 겔리도냐호에서는 청동제 용기의 파편이 대량으로 발견되고 반대로 고가의 교역품은 전혀 보이지 않았다.

이 두 보물선은 언뜻 비슷하지만 큰 차이가 있다. 울루 부룬은 국가 간 교역을 맡은 공적인 배이고, 케이프 겔리도냐는 아마도 개인 소유의 상선일 것이다. 똑같이 동을 실었어도 전자는 원재료이고 후자는 재활용품이다. 케이프 겔리도냐호는 현대의 재활용업자나 폐지업자처럼 청동제 용기를 회수하면서 지중해 섬들을 돌았을 것이다. 간간이 배에 실어둔 투망으로 물고기도 잡으면서 말이다.

이렇듯 3,000년도 더 된 옛날(BC 1200)에 금속을 재활용한 인류의 지혜가 놀랍게 다가온다. 또한 이와 같이 역사책에 소개될 가능성이 적은 소소한 역사적 사실들을 밝히는 것 역시 수중고고학의 중요한 사명이다.

케이프 겔리도냐호에 실려 있던 청동제 용기의 파편은 어딘가의 항구에 도착하자마자 전문업자에게 넘겨져 녹아버렸을 것이다. 그렇게 되면 '청동용기의 파편이 재활용을 목적으로 수집되었다'는 사실은 사라져버린다. 이런 부류의 '반완성품' 혹은 '가공 도중의 제품'이 지상의 유적에서 발굴될 가능성은 거의 없기 때문이다. 아무도 그런 것을 소중히 보존하지 않는다. 설령 보존했어도 후세 사람은 '보존했다'가 아니라 '보존된 것이 파손되었다'라고 생각하기 쉽다. 이번 경우처럼 '계획적으로 배로 옮겼다'는 사실을 알아야만 비로소 그 이유를 생각하게 된다.

A항구에서 B항구까지 교역품을 운반했던 배가 바다나 강에 침몰한다……. 물론 그것은 비극이다. 그러나 그 배가 침몰하지 않았다면 영원히 밝혀지지 않았을 사실도 있다.

지중해의 교역선 키레니아호(BC 300)

청동기 시대의 보물선은 그 외에도 여럿 발견되었는데, 이번에는 그리스 헬레니즘 시대의 배를 살펴보자.

키레니아(Kyreniah)호는 1967년, 키프로스 섬 키레니아 앞바다의 수심 30m 해저에서 발견된 보물선이다. 역사적으로는, 마케도

니아의 알렉산더 대왕이 활약했던 기원전 300년경의 지중해 교역선이다. 선체의 70% 정도가 남아 있는 것이 확인되어 그리스 정부 외에 11개국이 참가한 조사단이 발굴과 복원에 참여했는데, 길이 14.33m, 폭 4.42m, 무게 약 14t, 돛 길이 약 11m인 범선이었다.

이 배에서 많이 발견된 화물은 암포라(Amphora)다. 암포라는 양쪽에 손잡이가 달린, 몸통이 불룩 튀어나온 길쭉한 모양의 도자기 항아리로, 고대부터 7세기경까지 지중해 연안 지역에서 일반적으로 사용되었다. 키레니아호에는 이 암포라가 404개나 쌓여 있었다. 암포라 안의 내용물은 올리브유, 포도주, 아몬드 등이었다. 암포라는 전부 새 것으로 이 배에 싣기 위해 새로 만들어진 것으로 밝혀졌다.

관심을 끈 것은 보물선에서 발견된 총 4세트의 식기류로 이로써 배에 탑승한 선원의 수가 최소 4명은 되었던 것으로 추정되었다. 식기에서 질의 차이를 찾아볼 수 없었기 때문에 선원들 사이에 신분이나 빈부의 차는 거의 없었다고 생각하는 것이 자연스럽다. 배에서 불을 피운 흔적은 없고, 조리기구도 발견되지 않은 점으로 보아 식사 때만 어딘가에 상륙해서 조리했을 것으로 짐작되었다. 의아한 점은 이 배에서 개인 소지품이 거의 발견되지 않았다는 것이다. 동전 한 개조차도 발견할 수 없었다. 상선이라면 거래 시 분명히 동전이 필요했을 텐데 말이다.

발굴 조사를 맡은 수중고고학자들의 의문은 조사가 진행되면서 풀리기 시작했다. 발굴 작업은 위에 있는 것들부터 시작해서 아래쪽으로 내려간다. 유적의 가장 아래쪽에 도달하는 것은 작업의 마지막 단계다. 보물선의 경우는 갑판과 선실에 쌓여 있던 짐부터 조사한 후 짐을 조금씩 제거하면서 선실 바닥까지 내려간다. 바닥에는 대개 균형 유지를 위해 밸러스트로 채워져 있다. 그 다음으로 배의 본체, 즉 선체 조사에 들어간다. 선체 아래에서 뭔가 발견되는 경우는 거의 없다.

이상한 점이 발견된 것은 바로 마지막 선체 조사 단계였다. 키레니아호의 선체 아래에서 쇠로 된 창이 여러 개 발견된 것이다. 그것들은 전부 한 곳에 모여 있었고 몇 개는 배의 밑바닥 부근에 꽂혀 있었다.

창이 선체 바깥 쪽에 꽂혀 있었던 이유는 물론 제3자의 공격을 받았기 때문이다. 타인의 배를 공격했다면 전쟁이나 해적에 의한 것일 터이고 키레니아호는 상선이라서 해적의 습격을 받았을 가능성이 더 높다. 그렇게 생각하면 동전을 포함한 개인 소지품이 발견되지 않은 것도 납득이 간다. 해적은 가치 있는 것들만 약탈하고 선원들을 납치한 후 포도주나 아몬드처럼 무겁고 부피가 큰 데 비해 가치가 적은 것들은 배와 함께 침몰시킨 것이다. 키레니아호의 경우 이것이 가장 설득력 있는 시나리오다. 만일 이 전개가 맞는다면 키레니아호의 유물은 세계에서 가장 오래된 해적 행위를 뒷받침할 증거가 된다.

군함 · 갤리선(BC 480)

키레니아호는 돛대가 하나인 범선이었는데 '그리스 시대의 배' 하면 기다란 노가 여러 개 줄지어 나열되어 있는 선체가 가늘고 긴 군함을 떠올리는 사람이 많다. 영화 〈벤허〉(1959)에서 주인공 벤허가 비참한 몰골로 노를 저었던 바로 그 배와 같다(영화는 로마 시대가 배경이지만).

그런 유형의 배를 '갤리선'이라고 한다. 갤리선은 범선처럼 바람의 힘을 이용해 움직이는 것이 아니라 수십, 수백 명의 사람이 줄줄이 앉아서 노를 저어 그 힘으로 움직이는 지극히 원시적인 배다. 원시적이지만 바람이 불지 않을 때도 확실하게 추진력을 얻을 수 있기 때문에 지형이 복잡하고 바람의 방향이 일정하지 않은 지중해나 발트해에서는 고대부터 19세기 초까지 활약했다.

〈벤허〉에서처럼 갤리선은 대부분 군함으로 활약했다. 바람의 방향에 관계없이 적함의 움직임을 보며 어느 정도 자유롭게 움직일 수 있고, 접근전에 필요한 수만큼 병사를 태울 수 있기 때문이다. 갤리선의 전법은 단순명쾌한 육탄전이다. 함수(흘수선 보다 아래)에 장착한 뿔처럼 뾰족한 '충각(衝角, 군함의 뱃머리에 단 뾰족한 쇠붙이—옮긴이)'을 적함에 그대로 부딪쳐 적함이 침수될 정도의 구멍을 내거나 더 이상 항해할 수 없도록 파괴하는 방법을 썼다. 혹은 적함에 충돌한 직후 칼이나 창으로 무장한 병사들이 적함으로 옮겨 타서 선원과 병사를 제압하고 적함을 빼앗는 식이었다. 앞서 소개했듯이 유럽에서 이런 전법은 16세기까지 계속되었다.

고대 해전에서는 그리스 함대와 페르시아 함대가 싸운 살라미스(Salamis) 해전(BC 480)이 유명하다. 이 해전에서는 그리스의 갤리선 400여 척과 페르시아의 갤리선 700여 척이 격돌해 수백 척이 바닷속으로 사라졌다.

이 해전에서 침몰한 배를 조사·발굴하면 흥미로운 사실들을 확인할 수 있을 것이다. 그래서 살라미스 해전이 일어난 그리스의 살라미스 섬 앞바다에서 실제로 수중고고학 조사가 여러 번 이루어졌고 당시 병사가 사용했던 헬멧처럼 보이는 유물도 발견했는데 안타깝게도 선체 자체는 찾지 못했다. 앞으로도 선체의 발견은 어려울 것이라고 한다.

침몰한 전투용 갤리선을 발견하는 것이 왜 어려울까? 그것은 갤리선이 원래 침몰하기 어려운 구조로 되어 있기 때문이다.

물론 배는 물에 뜨도록 만들어져 있다. 짐을 싣는 상선의 경우 짐으로 중심이 낮아지기 때문에 침수가 되면 짐의 무게가 작용해 그대

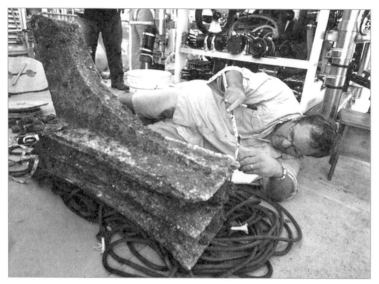

지중해에서 발견된 갤리선의 충각. 뱃머리의 홀수선보다 아래쪽에 붙여서 적의 배 옆구리를 노린 뒤 충돌하여 파괴하는 무기다. (사진제공 : INA)

로 바다 밑으로 가라앉는다. 그러나 고대 그리스 로마의 전투용 갤리선은 적함보다 빠르게 움직일 수 있도록 처음부터 최대한 가볍게 만들어졌다. 병사와 노를 젓는 노꾼이 수백 명씩 타야 균형이 잡히는 구조다. 그 상태에서는 침수가 되어도 바닷속으로 가라앉을 정도의 중력이 작용하지 않는다. 누름돌처럼 위에서 누르는 무게 역할을 하는 병사와 노꾼이 사라져버리기 때문이다.

실제로 고대 해전에 대해 씌어 있는 책을 보면 "해전 후 배의 파편이 여러 날 바다 위에 떠 있었다"고 기술되어 있다. 전투용 갤리선은 파괴되어도 가라앉지 않고 선체가 사방으로 흩어져 널조각으로 돌아왔던 것이다.

고대 최강의 갤리선, 트라이림

침몰한 갤리선이 현존하지 않는다면 우리는 어떻게 갤리선의 장비와 구조에 대해 알 수 있을까?

먼저 헤로도토스(Herodotus, 그리스의 역사가)나 투키디데스 (Thucydides, 그리스의 역사가) 같은 역사가가 쓴 책을 비롯한 당시의 문헌과 자료의 연구를 통해서 알 수 있다. 또 갤리선을 보관했던 창고의 유적도 발견되었다.

후자에 대해서 말하면, 아테네의 항구 피레우스(Piraeu) 근처에서 기원전 3~4세경에 노가 3단으로 가동되는 3단 노선 트라이림 (Trireme)을 보관했던 것으로 보이는 창고가 발견되었다. 창고의 길이와 폭, 높이를 통해 보관했던 배의 크기를 어느 정도 추측할 수 있었다.

트라이림은 전투용 갤리선의 한 형태로, 노가 3단으로 나뉘어져 있다. 갤리선의 공격력을 높이는 방법은 가능한 한 빠른 속도로 적함에 충돌하는 것이다. 추진력인 노꾼의 수를 늘리기 위해 노꾼이 노를 젓는 장소를 2, 3층으로 만든 배가 개발되었다. 즉, 밖으로 튀

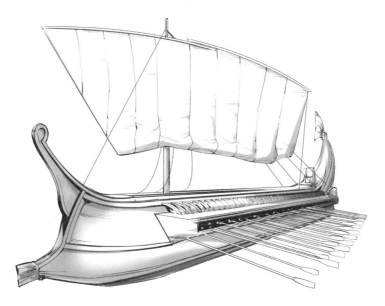

그리스에서 사용되었던 갤리선. 노꾼이 3단으로 나뉘어 앉는 형태라서 3단 노선(트라이림)으로 불렸다. 선수에 달려 있는 것이 충각이다.

어나오는 노를 2, 3층으로 만든 것이다. 노를 젓는 노꾼에게는 참으로 힘든 구조지만, 천장의 높이를 한 사람이 간신히 앉을 수 있는 높이로 하면 배의 중량을 늘리지 않고도 추진력을 두세 배로 높일수 있다. 이렇게 해서 2단 노선 바이림(Bireme), 3단 노선 트라이림같은 갤리선으로 발전했다. 아테네의 3단 노선의 경우 170명의 노꾼이 최고 시속 18km까지 속력을 냈다고 한다.

또, 갤리선의 선수에 장착하는 무기인 충각이 단독으로 발견되는경우도 있다. 충각은 청동으로 만들어졌기 때문에 운이 좋을 때는 보존상태가 양호한 채로 인양되기도 해서 충각의 모양과 크기로 갤리선 전체의 크기를 어느 정도 알 수 있다.

이스라엘 아스리트 부근에서 발견된 충각은 길이 2.26m, 최대 폭 0.76m, 높이 0.96m로 청동으로 만들어져 있었다. 앞쪽에는 3개의 지느러미가 달려 있었다. 이 충각이 적함에 충돌하면 적함의 외판 일부가 파괴되고 동시에 3개의 지느러미로 파손된 틈새를 통해 적함의 배 안으로 물이 흘러들어가는 구조로 되어 있다. 만일 지느러미처럼 펼쳐진 부분이 없다면 충각이 적함에 꽂힌 채 빠지지 않게 될 수도 있다. 그렇게 되면 적함은 절대 침수되지 않는다. 그래서 적의 배에 구멍을 뚫은 후 재빨리 배를 뒤로 빼서 도망치기 위해 이런 지느러미를 붙였을 것이다. 즉, 지느러미는 보다 효율적으로 적의 배를 침수시키기 위한 아이디어였다.

여기서는 청동제 충각과 함께 이와 연결됐던 선체의 목재도 발견되었다. 충각과 목재는 빈틈없이 결합되어 있어 충돌 시 그 충격을 선수가 감당하는 것이 아니라 용골과 선체의 다른 부재에 전해져 배 전체로 충격을 완화하는 구조로 되어 있었다. 이런 구체적인 장치와 구조는 실물을 직접 확인하지 않으면 결코 알 수 없었을 것이다. 이것은 그리스 시대 조선공의 높은 기술력을 단적으로 보여주는 예다.

로마 시대에 꽃 피는 지중해 무역

시대가 지나고 권력의 중심은 로마 제국으로 이동한다. 로마 제국과 지중해의 관계를 살펴보자.

로마인들은 원래 해양민족이 아닌 북쪽에서 내려온 라틴족의 일파다. 그들은 기원전 8세기경 테베르 강가에 도시 국가 로마를 건설했다. 그리고 기원전 6세기 말에는 에트루리아 출신의 왕을 몰아내고 공화정을 시작했다. 그 후, 로마인들은 중무장한 보병을 앞세워 주변 지역을 정복해 기원전 3세기 전반에 이탈리아 반도를 통일했다. 이후 지중해를 지배했던 해양국가 카르타고(북아프리카)와 포에니 전쟁(BC 264~146)을 벌였는데 로마는 한니발 장군이 이끄는 카르타고 군을 물리치고 지중해의 패권을 손에 넣었다. 2010년 여름에 시칠리아 섬 앞바다에서 카르타고 군이 사용한 것으로 보이는 충각이 발견되었다. 기원전 241년경의 것으로 추정되는데 분석은 아직 시작 단계 정도다.

그 후, 삼두정치(三頭政治, 로마 공화정 말기에 나타난 정치체제로 공화정에서 제정으로 이행하는 사이에 생긴 3인의 실력자에 의한 정치 체제―옮긴이) 시대를 거쳐 옥타비아누스(훗날 아우구스투스―옮긴이)와 안토니우스 사이에 권력 전쟁이 일어났다. 이후 옥타비아누스는 해전에서 안토니우스와 클레오파트라의 연합군을 물리치고 기원전 27년

로마 제국의 초대 황제가 되었다. 이 시점에서 지중해 연안 지역은 로마의 평정 하에 200년간 '팍스 로마나(Pax Romana, 로마의 평화)'로 불리던 안정된 시대가 이어졌고 경제도 비약적으로 발전했다.

평화로운 시대가 계속되면서 로마의 인구가 증가하자 새로운 문제가 발생했다. 급속히 증가한 로마 인구를 부양할 식량 및 생활물자의 확보와 유통의 문제였다. 이렇게 해서 북아프리카의 곡물, 스페인의 올리브유, 아라비아 반도의 화장품과 향, 동남아시아의 향신료, 중국의 비단이 로마로 반입되었다. 물론 주요 유통 수단은 배였다. 지중해에서는 다양한 국가의 상선들이 빈번히 오갔고 로마의 상인과 주변 지역의 상업은 눈부시게 발전했다.

이렇게 지중해를 항해하는 배가 늘면서 점차 침몰사고도 증가했다. 지금까지 2,000척 이상의 보물선이 확인되었는데, 그 중 로마 시대에 난파한 배가 압도적으로 많다. 그만큼 로마 시대의 경제가 윤택했다는 의미로 해석된다.

이때 물품 수송에 크게 활약한 것이 앞서 등장했던 항아리, 즉 암포라다. 그들은 올리브유, 포도주, 과일, 조미료 등 식품의 대부분을 암포라에 담아 운반했다. 그래서 지중해 해저에는 암포라가 여기 저기 쌓여 있다.

로마 시대에 침몰한 상선에서 자주 볼 수 있는 유물 중 불에 타서 그을린 흔적이 있는 타일이 있다. 타일은 배에 만들어진 아궁이에

붙였던 것으로, 타일과 함께 조리기구도 자주 발견된다. 이것으로 보아 로마 시대에는 선상에서 조리를 할 수 있었던 것 같다. 이는 식사 때마다 일일이 육지에 상륙했던 것이 아니라 장시간 항해를 계속했던 증거로, 그만큼 항해술이 발전했었다는 것을 알 수 있다.

로마 시대의 고급 포도주(BC 70~60)

이 시대의 보물선 중 프랑스에서 발견된 상선인 마드라그 드 지앙(Madrague de Giens)호를 살펴보자. 기원전 70~60년경의 배로 전체 길이는 40m 정도이고 적재량은 350~400t으로 추정된다. 이 정도 크기의 상선은 17세기까지 거의 찾아볼 수 없었다. 약 7,000~8,000개에 이르는 대량의 암포라도 운반했다. 그 중 몇 개의 암포라는 코르크 마개와 모르타르로 밀봉되어 있었고, 그 위에는 제조자의 도장이 찍혀 있었다. 꽤 고급 포도주였던 것 같다.

이 배는 화물 뿐 아니라 선체 자체도 로마 시대의 높은 경제력을 상징하고 있다. 사용된 목재 하나하나가 깔끔하게 가공되어 있었다. 외판은 장부(한 부재의 구멍에 끼울 수 있도록 다른 부재의 끝을 가늘고 길게 만든 부분─옮긴이) 이음으로 접합하는 방식이 사용되었고 장부와 장부의 간격이 매우 짧았다. 그러면 그만큼 외판의 강도는 세지만 장부를 잘라내는 분량만큼 목재를 더 사용해야 하고 정확히 잘

라내는 수고도 해야 했다. 이 방식으로 배를 건조하려면 상당한 시간과 노동력, 그리고 자금이 필요하다. 또 흘수선(선체가 물에 잠기는 한계선—옮긴이) 아랫 부분에는 동으로 된 고가의 못이 사용되었다. 쇠못은 물에 닿으면 바로 녹이 슬기 때문에 동을 사용한 것이다. 또한 선체를 좀조개(배좀벌레조개—옮긴이) 같은 해충으로부터 지키기 위해 외판 위에 얇은 철판을 덧붙였다. 한마디로 비용이 많이 든 호화선임을 알 수 있다.

이 대형선을 포함한 로마 시대의 상선은 대개 사각형의 가로돛을 사용했는데, 배에 따라서는 돛대가 3개인 경우도 있었다. 가로돛은 바람을 받을 때는 속력을 낼 수 있지만 조절하기가 쉽지 않다. 그러므로 가로돛은 안정된 항로를 운항할 때 쓰이는 돛이라고 할 수 있다.

게르만족의 대이동

이렇게 팍스 로마나를 구가했던 로마 제국에도 격동의 시대가 찾아온다. 발단은 4세기 말, 유라시아 대륙 중부에 있던 훈족(아시아계 기마유목민으로 흉노의 자손이라고도 한다)이 돈 강을 건너 유럽을 침략했다. 돈 강 서쪽(현재의 우크라이나 부근)에 살고 있던 게르만족인 동고트족은 순식간에 훈족에게 정복되었고 이보다 더 서쪽에 살던 서고트족은 훈족의 위협에서 벗어나기 위해 난민이 되어 이동하기 시작했다. 이것이 375년에 있었던 게르만족의 대이동이다. 서고트족은 서쪽으로, 남쪽으로 이동을 계속해 도나우 강을 건너 로마 제국에 침입했다.

사실 그 전부터 로마 제국은 분열 위기에 처해 있었다. 군과 관료에게 지나치게 힘이 몰려 내분이 반복되었던 것이다. 그런 상황에서 게르만 민족이 몰려왔기 때문에 제국은 큰 혼란에 빠졌다. 수습이 되지 않자 395년에 황제는 제국을 둘로 나눠 두 아들에게 분배했다. 콘스탄티노플을 수도로 하는 동로마 제국과 로마를 수도로 하는 서로마 제국이 그것이다. 동로마 제국은 콘스탄티노플의 옛이름인 비잔티움을 따서 비잔틴 제국으로도 불렸다.

비잔틴 제국은 서고트족의 침입을 막아냈다. 그러나 서로마 제국은 서고트족의 압력에 견디지 못하고 476년 멸망하고 말았다. 그후, 게르만족의 다른 파벌이 차례로 서유럽에 들어와 서고트 왕국, 반달 왕국, 랑고바르트 왕국, 프랑크 왕국 등을 차례로 건국했다.

이후, 유럽 경제는 점차 어려워졌다. 새 국가가 생겨났다 망하고, 다른 나라를 침략하거나 침략당해 정치는 불안정해졌다. 로마 시대처럼 자유로운 교역은 생각할 수도 없었다.

경제가 축소된 탓인지 5세기경을 경계로 보물선의 발견 사례도 극단적으로 줄어든다. 어려운 생활 속에서 사람들은 새로운 전개를 찾아 배의 구조와 무역 방식도 바꾸려고 한 것 같지만 자세한 것은 알 수 없다. 1장에서 말했듯이 배의 구조를 알기 위해서는 같은 시대에 그려진 그림을 보는 것이 가장 좋다. 그러나 종교적인 이유에서 이 시기의 그림은 사실성을 잃어버렸기 때문에 배를 그린 그림을 보아도 그것이 어떤 배이며 어떤 구조인지 참고가 되지 않는다. 로마 교회와 단절하고 그리스 정교를 국교로 한 비잔틴 제국이 성상(우상)숭배를 엄격하게 금지했기 때문에 예술가들은 문제가 되지 않는 그림만 그리게 되었다.

유리 재활용선(11세기)

이번에는 4세기에서 11세기에 걸친 해저 보물선을 몇 가지 살펴보자.

먼저 야시아다(Yasi Ada) 보물선이 있다. 야시아다는 터키어로 '평평한 섬'이라는 뜻으로 이스탄불에서 가까운 마르마라해 프린스 제도의 섬이다. 바다 한가운데 평평한 섬이 떠 있고 주변은 얕은 여울이라서 옛날부터 좌초하는 배가 줄을 이었던 위험한 곳이었다. 실제로 이 해역은 여러 척의 배가 포개어 있듯 가라앉아 있어서 일종의 수중유적군을 이루고 있다.

야시아다 보물선 가운데 유물의 내용으로 보아 4세기경의 것으로 추정되는 것이 있다. 그 배에서도 역시 많은 암포라가 발견되었는데 로마 시대의 암포라에 비해 재질이나 굽는 방식이 상당히 조잡했다.

7세기에 가라앉은 보물선도 있었다. 이 배는 배수량이 40t 정도로 매우 작다. 암포라의 질은 4세기의 것보다 크게 떨어지며 여러 번 재사용된 것으로 보인다. 암포라에는 내용물을 알 수 있도록 도장이나 사인이 되어 있는 것도 많은데, 이 배의 암포라는 사인 위에 다른 사인을 갈겨 쓴 것으로 보아 여러 번 재사용되었음을 알 수 있다. 또, 포도주가 들어 있던 암포라에서는 포도 씨, 껍질, 잔가지까지 발견되었다. 상당히 급하게 만들어진 포도주다. 이렇게 보았을 때 포도주의 맛은 이 시대보다 로마 시대가 훨씬 뛰어났을 것이다.

7세기의 배는 건조법에 특징이 있다. 먼저, 목재가 통나무를 그대로 자른 것처럼 마무리가 거칠다. 로마 시대의 배는 장부를 맞춰 끼우는 방식을 구사해 치밀하게 건조되었는데 반해 이 배는 쇠못을 많이 사용해 손쉽게 만들어졌다. 단, 늑골을 먼저 만들고 이후 바닥에 외판을 붙인 흔적이 있었다. 동시에 일부에는 장부를 맞춰 끼우는 방식도 사용되었다. 이 배는 결론적으로 고대 배와 현대 배의 중간 구조라고 할 수 있다.

11세기의 것으로는 세르체 리마니(Serce Limani) 보물선이 유명하다. 1973년에 터키 남서부, 로도스 섬 쪽으로 튀어나온 반도의 남쪽 해역에서 발견되었다. 수심은 약 33m. 예비조사 단계에서 주변에 상당량의 유리 조각이 흩어져 있는 것이 확인되었는데 발굴이 진행되면서 그 방대한 양에 놀라지 않을 수 없었다. 유리 조각이 100만 개나 되었기 때문이다. 그 중 거의 완전한 형태로 남아 있던 유리 용기는 겨우 80점에 불과했다.

처음에는 침몰 사고의 충격으로 유리 용기가 깨져 사방으로 튄 것이라고 생각했는데 퍼즐 조각처럼 파편을 맞추려고 해도 좀처럼 일치하는 것이 없었다. 또 파편들 사이에서 일정한 통일성을 찾아볼 수 없고 완전한 유리 용기가 선원이 주거하는 선수와 선미 부근에서 발견되었다는 점으로 유추해 '이 배는 화물칸에 대량의 유리 파편을 싣고 있었던 것'이라고 결론지었다. 즉, 유리 재활용선이었던 것이다. 유리 조각은 녹이면 다시 유리병으로 재생할 수 있다. 그러므로 이 배를 통해 적어도 11세기 지중해 연안에서는 유리를 재활용하는 구조가 있었다는 사실을 알 수 있다.

세르체 리마나호는 이 시대의 유리 유물을 가장 많이 갖고 있어 비잔틴 문화연구가, 특히 모자이크 벽화와 스테인드글라스 전문가에게는 둘도 없는 소중한 자료가 되고 있다.

이 보물선은 배에 실었던 짐 외에도 주목해야 할 것이 있다. 먼저, 선원들 사이에서 신분과 빈부의 격차가 존재했다는 사실이다. 일반적으로 신분이 높은 사람은 선미에 거주하는데 이 배의 선미

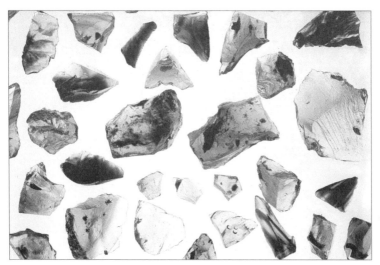

재활용 목적으로 유리 조각을 수집한 것으로 보이는 세르체 리마나호에서 발견된 화려한 색깔의 유리.
컬러로 보여줄 수 없는 것이 유감이다. (사진제공 : INA)

주거구에서 발견된 유물은 다른 선실의 유물과 완전히 달랐다. 생
활용품도 고급품이고 돼지 뼈와 과일 등이 남아 있었으며 체스 세
트도 있었다. 반면에 다른 주거구에서는 돼지 뼈가 발견되지 않았
고 생활용품도 조잡했다. 이곳에서는 체스 세트 대신 백개먼이 발
견되었다. 선장과 선원의 생활에는 더욱 확실한 차이가 있었다. 한
편으로는 선장이 기독교 신자이고 선원은 돼지고기를 먹지 않는 이
슬람 신도였을 가능성도 있다.

이 배는 선체 구조도 특징적이다. 늑골(프레임)을 완전히 짜서 배
를 지탱하고 외판은 늑골에 고정하기 위해 외판끼리는 전혀 접합

하지 않았다. 이런 방법으로 배를 만들려면 설계도가 필요하다. 즉, 이전까지 직인의 손으로 완성되는 일종의 예술작품이기도 했던 '배'가 이제 요구에 맞게 합리적으로 만들어지는 공업제품으로 변화된 것이다. 이때는 로마 시대와 달리 재정적으로 어려운 시대였기 때문에 보다 과학적, 합리적인 사고방식이 중시되었을 것이다.

각지에 출몰하는 바이킹(8세기)

그리스와 로마가 지중해 세계에서 크게 번성했을 때 영국, 덴마크, 노르웨이, 스웨덴 등 북유럽 국가들의 상황은 어땠을까.

로마 제국이 최대 영토를 자랑했던 2세기경에는 그레이트 브리

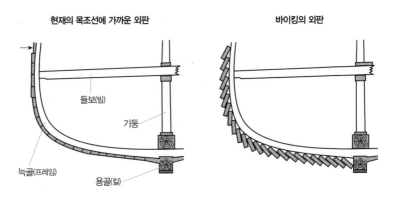

현재의 목조선에 가까운 외판

들보(빔)

기둥

늑골(프레임)

용골(킬)

바이킹의 외판

왼쪽은 11세기 지중해에서 사용되었던 배의 단면도. 늑골(프레임)에 외판이 고정되어 있다. 오른쪽은 같은 시기의 바이킹의 배. 외판을 여러 장 살짝 비켜가면서 붙이는 '클링커 방식(Clinker Built, 겹붙임)'.

튼 섬(Great Britain, 지금의 영국) 대부분이 로마 영토였다. 많은 로마인들이 영국으로 이주해 살면서 브리튼 섬에 살았던 켈트인도 차츰 로마인과 동화되었다. 이 무렵 로마인이 남긴 문헌에는 켈트인이 동물의 모피로 배를 만들었다는 기록이 있다.

사태가 일변한 것은 4세기 후반 무렵이다. 게르만족의 대이동이 일어난 것이다. 자신들의 영토를 지키기 위해 로마인은 브리튼 섬에서 철수했고 그 틈을 타 섬에 침입한 것이 게르만족 중 하나인 앵글로색슨족이다. 그들은 브리튼 섬의 대부분을 점령하고 여러 개의 소국가를 건설했다. 이들 국가를 '앵글로색슨 7왕국'이라고도 한다.

한편 노르만족은 스칸디나비아 반도(지금의 노르웨이·스웨덴), 유틀란트 반도(지금의 덴마크), 발트해 연안 지역을 원주거지로 하는 북방계 게르만족으로, 바이킹으로도 불린다. 4세기 후반, 많은 게르만족들이 대이동을 시작했지만 그들은 움직이지 않았다. 북쪽에 있어서 훈족의 영향을 받지 않았기 때문이다. 그러나 8세기가 되자 노르만인들은 배를 타고 이동을 시작했다. 인구 증가로 인해 새로운 땅과 식량을 구하기 위해서였다.

우리는 세계사 시간에 '바이킹족은 브리튼 섬과 유럽 연안 지역을 습격해 약탈했다'고 배웠다. 확실히 793년에는 북부 잉글랜드의 린데스판 수도원, 795년에는 헤브리디즈 제도의 아이오나 수도원이 약탈 당했다는 기록이 남아 있다. 그들은 흘수가 얕고 전체적으로 가늘면서 긴 모양의 롱 보트를 탔기 때문에 수심이 얕은 강도 거슬러 올라가 내륙 깊숙이 침입했다.

그러나 그들의 활동 전부가 해적 행위였던 것은 아니다. 몇십 년 전까지만 해도 '바이킹족은 호전적인 민족으로 해안의 주민을 학살하며 다녔다'는 이미지가 있었지만 사실 이들은 주로 교역을 목적으로 각지에 이주한 민족이다. 바이킹족은 강과 바다를 자유롭게 오가며 러시아, 지중해, 유럽, 아메리카 대륙을 잇는 교역로를 개척했다. 이 무렵에는 문자로 기록을 남겨 이를 통해 당시 항해 기술을 살펴볼 수 있는데 볼수록 그들의 행동력에 놀라게 된다.

기록에 의하면 10세기 말, 아이슬란드에 이주한 바이킹 중 한 명이 죄를 용서받는 대신 서쪽으로 새로운 땅을 찾으러 떠나라는 명령을 받았다. 그의 이름은 에이리크 라우디. '붉은 에이리크'라는 뜻으로 붉은 머리카락 때문에 그렇게 불렸다. 에이리크는 불과 나흘 만에 거대한 대륙을 발견했다. 그곳은 대부분 얼음으로 갇혀 있었는데, 사람이 전혀 살 수 없는 곳은 아님을 확인하고 3년 후에 돌아왔다. 죄를 용서받은 에이리크는 이번에는 이주자로서 자신이 발견한 육지, 그린란드(Greenland)로 향했다. '초록 섬'이라는 뜻의 섬 이름은 개척자들의 마음을 끌기 위해 에이리크 자신이 직접 붙였다고 한다. 에이리크는 좀 더 살기 좋은 땅을 찾기 위해 이번에는 아들, 레이프 에이릭손을 항해에 내보냈다. 그는 서쪽으로 항해를 계속해 캐나다 북쪽에 있는 현재의 배핀 섬(Baffin Island)을 발견했다. 용맹스러운 아버지의 피를 이어받은 레이프 에이릭손은 그곳에서 해안을 따라 남하하여 캐나다 북동부의 래브라도 반도에까지 이르게 된다. 그것이 1000년경의 일이다. 놀랍게도 콜럼버스보다 492년이나 앞서 아메리카 대륙을 발견한 것이다.

1960년, 캐나다 뉴펀들랜드 섬에 있는 랑즈 오 메도우즈(L'Anse aux Meadows, 1,000년 전, 이 땅에 정착했던 바이킹족의 흔적이 남아 있는 곳으로 1978년 유네스코 세계유산으로 지정되었다— 옮긴이) 유적에서 초기 개척자들이 남긴 건물 흔적과 함께 당시 바이킹족이 사용했던 장식품과 철제품 등이 발견되었다. 그러나 결국 바이킹족에 의한 신대륙 식민지 경영은 2~3년밖에 지속되지 못했다. 한랭한 기후로 인해 본국으로부터 물자 수송이 어려웠고, 토착민인 인디언과의 대립으로 뉴펀들랜드 섬의 식민지는 깨끗이 포기되었다. 결국 신대륙에 대한 유럽의 기억은 거의 잊혀지고 말았다.

독특한 구조를 가진 바이킹선(11세기)

북유럽에서는 어떤 보물선을 볼 수 있을까?

먼저 주목해야 할 것이 서턴 후(Sutton Hoo) 유적이다. 이것은 1939년에 잉글랜드 동부에서 발견된 앵글로색슨 통치 시대의 배

무덤(죽은 이와 부장품을 배와 함께 수장하는 매장법의 일종)이다. 이곳에는 바이킹족의 배가 묻혀 있었다. 바이킹족의 배에는 외판을 서로 겹쳐서 붙이는(클링커라고 한다) 특징이 있는데(136쪽 그림 참고), 목재는 남아 있지 않았지만 흙에는 쇠못 등의 흔적이 남아 있었다. 당시 비잔틴 제국과의 교역품과 625년에 주조된 금화도 발견되었다. 이 배의 무덤은 '앵글로색슨 7왕국'으로 불렸던 나라 중 하나인 이스트앵그리아 왕국 왕의 무덤이다. 세계사에서는 바이킹이 영국에 진출한 것이 8세기 이후로 되어 있지만 이 바이킹족의 배를 통해 '그 이전부터 영국과 바이킹의 관계는 밀접했던 것이 아닐까' 하고 유추해 볼 수 있다.

사실 스칸디나비아 반도에는 오래 전부터 배 무덤 풍습이 있어서 많은 배들이 발견되고 있다. 오세베르그선(Oseberg Ship), 고크스타선(Gokstad Ship)으로 불리는 바이킹의 배는 100여 년 전에 노르웨이에서 발견된 배 무덤이다. 오세베르그선에서는 두 명의 여성 유골이 발견되었고, 고크스타선에서는 한 남성의 유골이 발견되었다. 양쪽 모두 클링커 형식의 롱 보트로, 당시 배의 구조를 알 수 있는 귀중한 자료가 되었다.

'바이킹 배' 하면 좁고 긴 모양만 생각하는데 사실은 기능별로 다양한 배가 만들어졌다. 바이킹 보물선에서 가장 중요한 유적은 덴마크의 로스킬레 피오르드(Roskilde Fjord)에서 발견된 스쿨델레우 보물선(Skuldelev Ships)이다. 11세기의 이 유적에서는 5척의 바이킹 배가 발견되었다. 크나르(Knaar)라 불리는 돛대가 하나인 무역선, 2척의 전투함, 발트해의 상선, 그리고 작은 고기잡이 배다. 적의 침입을 막기 위해 이들 5척의 배를 한 번에 물속으로 가라앉혀 만의 일부를 봉쇄한 것으로 여겨진다. 배에 유물은 없고 일부러 돌을 실어 가라앉혔다. 그래서 배는 전부 납작하게 찌그러져 있었는데 돌의 무게로 해저에서 눌려 있었기 때문에 해류의 영향을 받지 않아 보존 상태는 양호했다.

무역선 크나르는 길이가 16m가 넘고, 폭은 4.8m였다. 바이킹 배 치고는 전체적으로 둥그스름하며 묵직하다. 덴마크에서 '크나르'는 가슴이 풍만한 여성에게 붙는 형용사다.

발굴된 전투함은 유명한 바이킹의 롱 보트다. 길이 30m에 폭은 4m도 안 되는 가늘고 긴 형태다. 수종동정법(樹種同定法, 목재에서 채취한 조직을 현미경으로 관찰해 나무의 종류를 특정하는 방법―옮긴이)을 통해 아일랜드 더블린 부근에서 건조된 배임을 알 수 있다. 선원은 60명 정도였을 것으로 추정되었다.

앞서 말한 대로 바이킹의 배는 클링커 방식으로 외판을 접합했다. 모형을 이용한 거듭된 항해 실험 결과, 바이킹 배는 북유럽 바다에 적합한 구조를 갖고 있다는 것이 확인되었다. 파도가 거친 바다에서는 견고하게 만들어진 배일수록 부서지기 쉽다. 파도의 힘을 그대로 받으면 외판 틈새로 물이 새거나 늑골이 부서진다. 그러나 바이킹 배는 탄력성 있는 외판으로 타격을 받아넘기도록 되어 있다. 항해 실험을 했던 연구자에 의하면 항해 중 배의 모양은 파도에 맞춰 변화했지만 마지막까지 부서지지 않았다고 한다.

8~11세기에 걸쳐 북해에서 활약한 바이킹선. 초기에는 갑판이 없었기 때문에 배 위에 건조물이 없어 조작성과 견고함을 자랑했다.

한자동맹을 약진시킨 강력한 코그선(14세기)

바이킹이 북해와 발트해를 종횡무진 누비며 유럽에 선풍을 일으킨 시대는 한자동맹의 성립과 함께 끝이 난다.

한자동맹은 13세기 후반부터 발전한 도시동맹으로 뤼베크를 중심으로 하여 함부르크, 브레멘, 프랑크푸르트, 플랑드르, 브루게 등 북독일 도시에서 조직되었다. 중세 유럽 황제들의 압정과 착취에 대항하기 위해 100곳 이상의 도시가 만든 군사동맹이기도 하다. 직접 경비를 부담하는 독립적인 육해군을 보유하고 북해와 발트해 연안 지역을 제압하며 독점적인 교역을 했다. 화폐, 도량형, 거래법을 통일하는 등 경제정책에도 빈틈이 없었다. 주요 취급 상품은 플랑드르와 브루게의 모직물, 발트해의 청어, 폴란드의 곡물, 러시아의 모피다. 북쪽 바다가 치밀한 군사동맹의 통제 하에 들어간 것이다.

한자동맹을 대표하는 배는 코그선(Cog Ship)으로 11~12세기부터 발트해에서 사용된 대형 상선이다. 커다란 통 모양을 하고 있고 돛대 하나에 큰 가로돛을 갖고 있다. 방향타(Rudder)는 선미에 장착되어 있었다. 견고한 선미에 쇠장식으로 된 고정타가 장착된 배는 유럽에서 처음 등장한 것이었다. 그 전까지는 곤돌라처럼 배의 옆구리에 걸쳐놓는 측타(Side Rudder) 방식이었다. 그러나 배가 커지면

옆구리에 있는 방향타만으로는 배를 제대로 움직일 수 없다. 그래서 적은 인원으로도 대형선을 빠르게 조작할 수 있도록 선미에 하나만 장착하는 고정타가 되었다. 단, 선미의 키를 충분히 활용하려면 배가 진행할 때 물의 흐름이 그 한 점에 집중되는 구조여야만 한다. 그래서 코그선의 선미 부근은 물의 흐름을 모으기 쉽도록 곡선으로 되어 있다. 돛은 가로돛인데 커서 바람의 방향만 잘 맞으면 속력을 낼 수 있었다.

발굴된 코그선 중 가장 유명한 것은 14세기에 침몰한 브레멘 코그(Bremen Cog)다. 길이 23m, 폭 7.6m, 높이는 3m가 넘었다. 2장에서 나온 배 중에 가장 높아서 성서에 나오는 노아의 방주 같은 모양을 하고 있었다. 적재량은 130t 정도일 것이다. 선저(船底)는 평편하고, 용골(Keel)은 선저보다 튀어나와 있는 형태가 아닌 평판 용골(Flat keel)을 갖고 있었다. 그러나 배의 외판은 바이킹 특유의 클링커 방식으로 되어 있었다.

선내 구조를 보면 견고한 늑골이 이어져 있어 지중해 조선법을 발전시켜 만들어진 것임을 알 수 있다. 건조 도중 폭우에 쓸려간 배라서 특별히 교역품 같은 유물은 발견되지 않았다.

문헌과 그림 자료를 통해서도 알 수 있는데 코그선의 특징은 선수와 선미에 망루를 갖고 있다는 점이다. 커다란 성과 같은 구조물이 배의 앞뒤에 자리잡고 있다. 1장에서 보았던 것처럼 배끼리 싸우기 위한 요새가 등장하는 것이다. 코그선은 속도나 조작성에서는 바이킹의 롱 보트에 뒤지지만 적의 공격에 대한 수비력은 매우 뛰어나다. 우뚝 솟은 망루에서 석궁이나 활을 쏘면 롱 보트의 선원을 맞힐 수 있다. 아마 롱 보트는 꼼짝달싹 못했을 것이다. 아직 대포 같은 무기가 없었던 시대에 코그선은 상선이면서도 전함처럼 강력한 존재였다. 해적의 공격에도 강했다. 이 코그선의 활약으로 한자동맹은 16세기경까지 북해와 발트해의 해상무역을 독점했다.

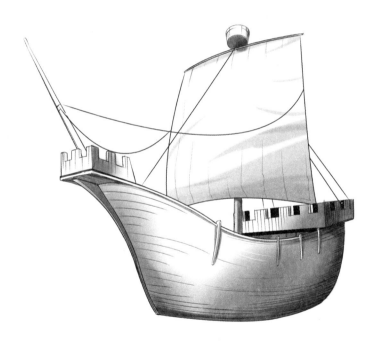

북방의 바이킹선, 남방의 갈레선의 장점을 도입한 최초의 대형 범선인 코그선. 평편한 밑바닥과 망루를 갖추어 교역품의 운송에 도움이 되었다.

대항해 시대 전야의 유럽

13세기 이후 북해와 발트해에서 활발하게 이루어진 한자동맹의 해상무역으로 서유럽과 북유럽, 중앙유럽이 이어졌고 사람들의 교류도 밀접해져 거대 교역권이 형성되었다.

한편, 지중해 연안 지역에서는 11세기 이후 시작된 십자군 원정으로 서유럽이 이슬람, 인도, 중국 세계와 만나게 된다. 당시에는 서유럽의 문명이 오히려 뒤처져 있었기 때문에 유럽인들은 동방을 동경했다. 14세기 르네상스의 3대 발명으로 일컬어지는 화약, 나침반, 인쇄술도 11세기에 중국에서 처음 발명되어 이후 이슬람을 경유해 유럽에 전해진 것이다.

동방세계를 동경하는 유럽, 거기에 비즈니스 기회를 발견한 것이 베네치아, 제노바, 아말피, 피사 등의 북이탈리아 도시국가였다. 그들은 콘스탄티노플을 중계지점으로 비잔틴 제국, 이슬람 상인들과 교류하면서 인도, 중국 상인과도 관계를 쌓아 인도와 동남아시아의 향신료, 중국의 견직물, 도자기 등을 구입해 유럽에 팔았다. 흥미로운 것은 13세기 말부터 14세기에 걸쳐 북이탈리아에서도 한자동맹의 코그선을 닮은 배가 만들어졌다는 사실이다. 이탈리아인은 오스만 제국의 저지로 지중해 밖으로 나가지 못했지만 아랍인에게 항해술을 배웠던 것 같다. 어쨌든 베네치아와 제노바의 약진으로 지중해 교역권은 로마 전성시대로부터 수백 년 만에 활기를 되찾는다.

북해, 발트해 교역권과 지중해 교역권, 이 두 가지 거대 경제권은 피렌체, 밀라노, 아우구스부르크 등의 도시를 통해 점차 융합되었다. 거기에 거대한 부가 축적되고 상업 도시들의 자유로운 분위기가 더해져 거대한 르네상스를 꽃피웠다.

유럽 세계는 새 시대의 개막을 눈앞에 두고 있었다. 모험과 혁명의 근대가 막 펼쳐지려 하고 있었다. 그런 상황에서 전혀 다른 방향으로 향했던 두 나라가 있었다. 바로 포르투갈과 스페인이다. 그들은 이베리아 반도에서 이슬람 세력을 몰아내기 위한 국토회복 운동에 열중했다. 이 시점에서는 포르투갈, 스페인 모두 자신들이 새 시대의 주역이 되리라고는 생각하지 못했을 것이다.

카라벨선과 캐럭선의 등장(15세기)

대항해 시대가 시작되려고 할 즈음, 유럽에서는 어떤 배가 사용되었을까.

사실 자세한 자료는 거의 남아 있지 않다. 15세기 이후 카라벨선, 캐럭선, 나오선 등이 등장하는데 진화 과정은 아직 정확하지 않다.

카라벨선은 일단 3개의 돛을 가진 소형 범선으로 분류할 수 있는데 삼각돛, 가로돛 등 다양한 유형이 있었다. 일설에 의하면 아랍인

이 사용했던 카리브라는 소형선에서 발달한 것이라고도 한다. 어느 쪽이든 예전 지중해에서 볼 수 있었던, 클링커 방식이 아닌 외판을 늑골에 직접 붙이는 형식의 배였다. 그리고 선미에 망루를 갖고 있다. 길이 20~30m, 무게는 50t 정도로 비교적 바닥이 평편해서 큰 강에서는 상류로 거슬러 올라갈 수도 있었다. 새로운 땅을 탐색하기에는 안성맞춤이었던 배다. 단점은 적재량이 적어서 무역에는 적합하지 않았다.

그래서 생겨난 것이 캐럭선이다. 코그선을 기본으로 하지만 클링커 방식도 아니고 외판끼리 직접 접합하지 않았다. 즉, 지중해의 배와 북유럽의 배가 융합된 형태다. 후에 콜럼버스는 캐럭과 카라벨 두 종류의 배로 신대륙 발견의 항해를 떠났다.

캐럭선은 필요에 따라 삼각돛과 가로돛을 나눠 사용했다. 삼각돛은 아랍과 지중해 전통이고, 가로돛은 북유럽 전통이다. 이들 배는 이베리아 반도에서 생겨났는데, 이베리아 반도는 지중해와 대서양에 접해 있다. 그래서 두 바다의 기술이 융합한 것일지 모른다.

르네상스 시대의 군함들

여기서 르네상스 시기의 유럽 군함에 대해서 알아보자.

베네치아, 제노바, 밀라노는 지금은 같은 이탈리아 도시지만 르네상스 시대에는 서로 상업의 이권을 다투는 경쟁 도시국가들로 제해권을 둘러싸고 싸우는 사이였다.

이 시대의 주력 군함은 갈레선이다. 14~15세기 갈레선으로는 오스만 제국에 보존되어 있는 것과 이탈리아 북부의 가르다 호수에서 발견된 것이 유명하다.

가르다 호수의 갈레선은 무척이나 흥미로운 역사를 갖고 있다. 1439년, 베네치아와 밀라노는 교전 상태에 있었다. 바다에서는 해양도시 베네치아가 단연 우세했지만 육상전에서는 밀라노가 앞섰다. 그래서 베네치아에서는 밀라노의 중추인 가르다 호수에 자랑할 만한 해군을 보낼 계획을 세웠다. '해발 320m의 산 위 호수에 갑자기 강력한 베네치아 해군이 나타나면 밀라노를 압도할 수 있다!' 그렇게 해서 베네치아 측은 길이 40m의 갈레선 2척, 푸스타선(소형 갈레선) 4척, 소형선 25척을 준비했다. 해체 가능한 부분은 전부 해체해 2,000마리의 소로 경사 35도의 산길을 250m나 끌고 올라갔다. 이 놀라운 기습 작전으로 가르다 호수 인근의 비첸차(Vicenza)에 집결해 있던 밀라노군을 단숨에 무찔렀다.

이렇게 해서 베네치아는 빼앗겼던 영토를 되찾았는데, 70년 후인 1509년에는 프랑스에 패해 가르다 호수에서 철수하게 된다. 이때 자랑스러운 갈레선은 적군에 의해 침몰되었다. 가르다 호수의 갈레선은 역사에서 모습을 감춘 지 약 450년 만인 1960년에 발견되었다. 발견 즉시 간단한 조사가 이루어졌는데, 커다란 바위로 완전히 가라앉혔기 때문에 배의 보존 상태는 매우 좋았다. 이 커다란 바위를 치우면 보다 상세한 연구가 가능할 것으로 생각되는데 안타깝게도 아직 진행되지 않고 있다.

이 시대에 또 하나 특이한 보물선이 있다. 영국의 헨리 5세가 1418년에 준공시킨, 그 전까지의 상식을 뒤집는 거대 전함 '헨리 그레이스 어 디우(Henry Grace A Dieu)호'다.

마침 영국은 프랑스와 백년전쟁(1339~1453)을 벌이던 시기다. 이 전함이 기사회생의 비장의 카드가 될 거라고 믿었다. 그런데 건조에 생각 외로 많은 시간이 걸렸고, 겨우 완성되자 이번에는 선원들의 반란으로 출격하지 못했다. 결국 헨리 그레이스 어 디우호는 출격도 못해본 채 휴전을 맞게 되었다. 그래도 언젠가 출격할 날을 기다렸는데 영국 남부 햄블 강에서 정박 중이던 어느 날 갑작스런 기상 변화로 배가 정통으로 낙뢰를 맞고 말았다. 목조선인 헨리 그레이스 어 디우호는 순식간에 불길에 휩싸여 물속에 가라앉아 그날 이후 이 배는 사람들의 기억에서 완전히 사라졌다.

그러나 보물선의 존재 자체는 지역 주민들 사이에서 잘 알려진 사실이었다. 강의 수위가 내려간 날에는 손으로 노를 젓는 보트 위에서 강바닥에 가라앉은 배가 보였기 때문이다. 사람들 사이에서는 19세기에 가라앉은 상선이라고 소문이 났지만 사실은 헨리 그레이스 어 디우호였다. 너무 거대한 규모인데다 보존 상태가 무척 좋았기 때문에 아무도 이 배가 500년 전 침몰된 보물선일 거라고 생각하지 못했다.

크기는 여러 가지 설이 있는데 길이 60m, 배수량 1,400t 정도였을 것으로 추정된다. 15세기 초에 건조된 배치고는 월등하게 거대한 크기다. 영국과 프랑스의 백년전쟁용으로 건조된 이 거대 전함은 유럽 세계가 절대주의·주권국가 체제로 돌입하는 흐름을 상징했을 것이다.

선수에 망루를 갖추고 있는 점에서는 캐럭선에 가깝지만 코그선의 요소도 더해져 한마디로 움직이는 요새였다. 그러나 이 배의 주요 무기는 대포가 아니라 영국 전통의 잉글리시 롱 보우(1.2~1.8m의 장궁)였다.

구조는 바이킹선과 같은 클링커다. 클링커는 외판이 배의 강도에 직접 관계하므로 배가 거대해짐에 따라 외판도 두꺼워져야 한다. 그러나 선수와 선미를 향해 배의 모양이 곡선을 그려야 하기 때문에 두꺼운 판자로는 가공이 어려워 이 배에서는 얇은 판자를 여러 장 덧붙였다.

참고로, 16세기 이후의 유럽 군함(또는 일본 만화 〈원피스〉에 나오는 해적선)에는 뱃전(배의 양쪽 가장자리 부분—옮긴이)에 창이 여러 개 나있고, 그 창을 통해 수십 문의 대포가 보이는 형태가 많다. 헨리 그레이스 어 디우호는 외판이 클링커라서 창을 내는 것은 물리적으로 불가능했는데, 이후 영국 군함도 늑골에 외판을 직접 붙이는 지중해 형태로 바뀌어서 대포가 슬쩍 보이도록 뱃전의 창을 내는 것이 일반화되었다. 이렇게 다가올 대항해 시대를 향해 '강한 배'가 만들어지고 있었다.

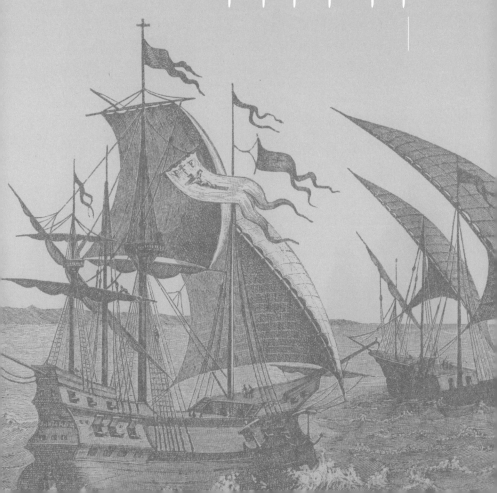

3장

보물선으로
새롭게 드러나는
아시아의 역사

중국 원나라에서 일본으로 낡은 동전을 운반했던 신안선.
격벽이 많고 탄탄하게 만들어졌다.

(사진제공 : 토요타재단Shipwresck Asia 프로젝트 / 촬영 : 랜달 사사키)

1

중국의 보물선 역사

해저 보물선을 조사하고 발굴하는 수중고고학은 50여 년 전 지중해에서부터 시작되었다. 이후 미국과 유럽에서 많은 이들이 수중고고학의 존재를 알게 되었다. 유럽에는 그리스 시대 이후 배 자체와 항해에 관한 역사적인 기록·문헌이 비교적 많이 남아 있는데, 수중고고학은 이들 기록의 세부적인 내용의 정정과 사실을 뒷받침하는 데 공헌했다. 한마디로 역사 연구의 보조적 역할을 해왔다.

그러나 아시아의 경우 수중고고학은 유럽과 전혀 다른 의미를 갖는다. 아시아에는 애초부터 선체 설계도나 항해, 통상 기록 등 전반에 관한 역사적인 자료가 거의 남아 있지 않기 때문이다. 즉, 서양

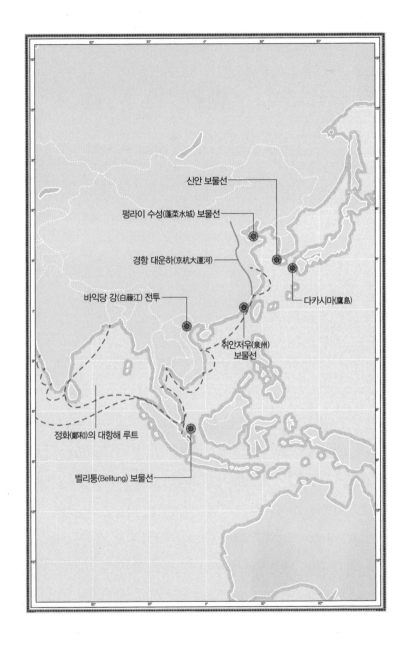

신안 보물선

펑라이 수성(蓬萊水城) 보물선

경항 대운하(京杭大運河)

바익당 강(白藤江) 전투

다카시마(鷹島)

취안저우(泉州) 보물선

정화(鄭和)의 대항해 루트

벨리퉁(Belitung) 보물선

처럼 역사학적으로 뒷받침되는 자료가 없는 이상 보물선의 조사와 발굴이 그대로 배나 교역의 역사를 찾아내는 주요한 수단이 된다.

아시아에서는 지금까지 '해저 보물선으로 살펴 보는 고고학'이 사람들에게 주목을 받은 적이 거의 없었다. '수중고고학'이라는 단어 자체에 대한 인지도도 매우 낮았다고 할 수 있다. 그러나 최근 10년 사이에 한국과 중국의 상황이 달라졌다. 해저 보물선은 조상이 우리에게 남긴 귀중한 역사 유산으로, 이를 통해 많은 것을 배우겠다는 자세를 갖추게 된 것이다.

이번 장에서는 아시아의 해저 보물선 역사를 전체적으로 살펴보면서 일본과 베트남에서 내가 직접 관계했던 해저 보물선 조사의 실례를 소개한다.

배가 있어도 나라 밖으로 나가지 못한 당나라 시대

중국 배의 기원에는 두 가지 설이 있다. 뗏목에서 발달한 것이라는 설과 통나무배에서 발달했다는 설이다. 그러나 안타깝게도 뗏목 설은 고고학적으로 검증할 방법이 없다. 뗏목은 여러 개의 통나무나 대나무를 끈으로 연결해서 만든다. 그래서 고대의 뗏목 일부를 발굴했다고 해도 그것은 단순한 통나무나 대나무일 뿐이다. 그것이 확실하게 뗏목의 일부라고 입증하기는 어렵다. 반면, 통나무배는

'통나무를 도려내는' 고유의 가공을 하기 때문에 발굴되면 배라는 것을 쉽게 알 수 있다. 중국에서는 거의 전역에서 수많은 통나무배가 발견되고 있다. 한나라와 수나라 시대에는 이미 길이 20m가 넘는 배가 만들어졌고 통나무에 외판을 붙인 배도 출현했다.

당나라 시대(618~907)가 되면 해상교통이 활발해진다. 일본도 중국의 발전된 기술을 배우기 위해 견당사(遣唐使, 일본 조정에서 당 왕조에 파견했던 사절—옮긴이)를 파견했다. 또, 아라비아 반도의 이슬람 상인도 동남아시아를 우회해 중국과의 직접 무역에 뛰어들었다. 신드바드의 대항해도 이 시대에 만들어진 이야기다. 당나라 때는 중국 상인이 해외에 나가는 경우가 적었는지 외국에서만 사람들이 찾아왔다.

10년 전쯤 보르네오 섬과 수마트라 섬 사이 해역에서 당나라 시대의 해저 보물선이 발견되었다. 이 배는 침몰 지점과 가까운 섬의 이름을 따서 '벨리퉁(Belitung) 보물선'으로 불린다. 발굴된 도자기의 제조법을 조사해보니 618~628년경에 침몰된 것으로 추정되었다. 배에 사용된 목재는 인도나 아라비아 반도의 나무로 확인되었다. 이 외에도 동남아시아 지역에서는 이미 여러 척의 해저 보물선이 확인되어 멀리는 이집트부터 인도, 동남아시아, 동아시아의 특산품이 발견되었다. 상당히 국제적인 화물이다.

다시 중국 이야기로 돌아가자. 중국 남부에서는 그 후 통나무를 기본으로 한 배로 바뀌면서 용골을 사용한 배가 만들어졌다. 인도양 방면에서 온 배의 영향을 받았을 수도 있는데 충분한 증거는 발견되지 않았다.

당나라 시대, 중국에서는 남부와 북부를 잇는 경항 대운하(京杭大運河, 베이징과 항저우를 잇는 1,794km의 세계 최장 인공 물길—옮긴이)가 발달해 있었다. 그 운하 유적에서 때로는 여러 척의 보물선이 한번에 발견되기도 한다. 예를 들어, 1999년에는 안후이성(安徽省)에서 수나라 또는 당나라 시대의 것으로 추정되는 8척의 배가 동시에 발견되었다. 이들 배는 전부 바닥이 평편하고 길이는 10m 전후였는데 갑판보(Beam)로 선체를 강화했다.

중국에서는 후에 마르코 폴로에 의해 '정크선'이라는 범선이 소개되어 유명해진다. 정크선은 격벽(배의 옆 방향으로 여러 개의 판자를 늘어놓은 구조)으로 선체를 강화하는 특징이 있는데, 당나라 때는 아직 늑골과 갑판보를 사용하는 서양의 배와 비슷한 형태였다.

무역을 둘러싸고 요동친 10~14세기

송나라 시대(960~1279)가 되면 발견되는 해저 보물선의 수가 급속히 많아진다. 이 시대는 국가에서 상업을 장려해 자유로운 무역이 발달했으며 중국이 해양국가로서 크게 성장한 시대이기도 하다.

몽골 제국이 중앙아시아를 지배했기 때문에 실크로드를 무역로로 쓸 수 없게 되어 어쩔 수 없이 바다를 이용한 무역에 주력하게 된 것이다. 또, 국가적으로도 무역으로 얻을 수 있는 관세의 세수는 매력적이어서 국가가 솔선하여 항해 기술 개척에 뛰어들었다. 정확한 항해도, 나침반, 화약을 사용한 무기가 발달한 것도 이 시기다.

송나라는 몽골 제국의 정복으로 막을 내렸는데, 그 후 원나라의 시조인 쿠빌라이 칸(Khubilai khan, 1215~1294)도 해상무역을 장려했다. 원나라 시대(1271~1368)에는 동아시아, 동남아시아, 인도양에까지 대형 상선을 보냈다.

원나라 다음으로 중국을 통일한 명나라(1368~1644) 시대에도 처음에는 적극적으로 해양 정책을 폈다. 명나라 초기 정화(鄭和, 명나라 초기의 환관—옮긴이)의 대항해는 특히 유명하다. 명의 영락제(永樂帝)가 계획한 이 대항해는 이전의 항해 기술이 축적되어 가능했다. 이전에도 인도양에 진출한 중국 상인은 있었지만 정화의 대항해는 민간 주도였던 무역을 국가가 장악하기 위한 일대 프로젝트였다. 기록에 의하면 정화의 대선단은 7번에 걸쳐 항해했다. 세계 제국을 꿈꾼 영락제의 뜻을 받들어 현재의 베트남, 인도네시아를 거쳐서 스리랑카, 인도, 아프리카의 동해안, 아라비아 반도까지 항해했다. 유럽의 대항해 시대가 막을 열기 직전의 일이다.

정화의 대항해로 중국에는 수많은 진귀한 문물이 들어왔는데 그가 죽은 후 해운업은 급속히 쇠락했다. 명나라 황제도 항해에 소극적이 되어 민간인의 도항(渡航)을 금지하고 외국인의 입국을 규제하게 되었다. 그 이유로는 배타적이고 상업을 멸시하는 유교사상이 이 시기에 보급되었던 점과 대항해로 많은 자금을 사용하여 국가의 재정이 파탄 날 지경에 이르게 되었다는 점을 들고 있는데, 진상은 정확하지 않지만 어쨌든 당시 세계 최고의 수준을 자랑하던 중국의 항해기술과 조선기술은 이후 크게 쇠퇴하고 말았다.

배의 형태로 알 수 있는 중국과 한국의 깊은 관계

송나라, 원나라, 명나라 시대의 해저 보물선에 대해서 알아보자. 먼저 중국 북부 산둥성(山東省)의 펑라이 수성(蓬萊水城)에서 발견된 보물선이다.

펑라이 수성은 북송시대(1042)에 거란족(몽골계 유목민)의 침입에 대비해 만들어진 요새로, 명나라 때 일본 해적에 의한 피해가 커졌기 때문에 서둘러 요새 유적지에 쌓은 성이다. 펑라이 수성은 서해 쪽으로 튀어나온 곳에 위치하여 해군의 주둔지로는 물론 순풍을 기다리며 대기하는 범선에게도 중요한 역할을 했다.

펑라이 수성의 항내에서는 4척의 보물선이 발견되었다. 이들은 식별을 위해 각각 펑라이 1호, 펑라이 2호, 펑라이 3호, 펑라이 4호라는 이름이 붙었다. 펑라이 1호와 2호는 명나라 시대의 배로, 순찰에 사용된 군함이다. 1, 2호 모두 길이 27~28m, 폭 5m의 크기에 격벽을 가진 구조다. 펑라이 3호는 중국과 한국의 하이브리드(혼성) 배인 것 같다. 한국에서 발견된 배는 쇠못을 사용하지 않고 끼워 맞추는 장부맞춤(한 부재의 끝을 가늘고 길게 만들어 다른 부재의 구멍에 끼우는 방식—옮긴이)으로 선재를 고정한 데 비해 중국에서는 쇠못을 사용한다. 중국과 한국은 이웃 나라지만 전혀 다른 전통을 가지고 있다. 배 모양도 다르다. 펑라이 3호는 모양으로 보면 한국의 배인데 접합 방법을 살펴보면 중국의 쇠못을 사용했다. 즉, 한국과 중국의 조선기술을 모두 갖추고 있는 배로 일부 연구자는 한국에서 만들어진 배가 중국에서 수리된 것이 아닐까 생각하고 있다. 펑라이 4호는 한국 배로 판단되었다. 이것으로 보아 이 시대 중국 북부와 한국의 관계는 우리가 생각하는 이상으로 밀접했을지 모른다.

거짓말쟁이로 몰린 마르코 폴로와 취안저우 보물선

중국 남부에서는 송나라와 명나라 시대에 걸쳐 대형 상선이 활약했다. 그 무렵의 대표적인 해저 보물선으로 손꼽히는 것이 취안저우(泉州) 보물선이다. 취안저우(지금의 푸젠 성福建省 취안저우 시泉州市—옮긴이)는 송나라, 원나라 시대에 항구도시로 발달했다. 〈아라비안나

이트〉에도 신드바드가 한때 살았던 도시로 이름이 등장할 정도로 이슬람 세계에서 널리 알려진 항구였다. 취안저우 항에서 발견된 보물선은 송나라 전기에 활약한 상선이다. 향신료와 목재를 싣고 동남아시아 방면에서 취안저우로 귀항하기 직전에 알 수 없는 사고로 침몰된 것 같다.

이 배는 잔존하는 부분의 길이가 20m가 넘는다. 상당한 크기의 대형 상선이었을 것으로 추정되는데, 외판의 판자가 3겹으로 되어 있는 특수한 구조다. 또, 선체를 보강하는 격벽도 12곳에 설치되어 있었다. 선체에 사용된 목재를 조사한 결과 중국 남부의 목재로 확인되었다. 취안저우나 적어도 푸젠성 내에서 건조된 것으로 보는 것이 타당하다.

취안저우 보물선이 활약했던 시기는 마르코 폴로가 중국 각지를 방문했던 시대와 겹친다. 마르코 폴로는 《동방견문록》에서 "중국의 배는 유럽의 어떤 배보다 크고, 배가 낡으면 외판을 덧대어 보강했다"고 썼다. 책의 내용에 의하면 배를 보강하는 외판은 최대 6겹까지 덧댄 것으로 되어 있다.

그러나 외판을 6겹이나 덧대면 볼품도 없거니와 조작성도 크게 떨어질 것이 분명했다. 그래서 연구자들은 이것은 마르코 폴로가 혼자 지어낸 이야기라고 생각했다. 실제로 그의 저술에는 틀린 내용이나 과장된 부분이 많았기 때문이다. 그런데 최근 중국의 한 수중고고학자가 "외판을 6장 덧댄 대형 보물선을 발견했다"고 발표했다. 자세한 보고서는 아직 제출되지 않아 상세한 내용은 알 수 없지만 이 발표로 일부 연구자는 '마르코 폴로의 말이 완전히 허풍은 아닐지 모른다'고 생각하기 시작했다. 취안저우 보물선으로 적어도 외판을 3장 덧댄 배가 존재했다는 것이 증명되었기 때문에 6장 덧댄 배도 있을 수 있지 않을까.

중국 화폐 유통의 비밀-신안 앞바다 보물선

한반도 남서부에 위치하며 서해상에 1,000여 개의 섬이 점재하는 한국의 신안군. 1975년(실제발견 연도, 발굴 연도는 1976~1983―감수자) 이곳에서 중국 원나라 시대인 14세기에 침몰한 대형 상선이 발견되었다. 원나라 닝보(寧波)에서 일본의 하카타(博多)로 향하던 중 이곳에서 침몰한 것으로 보인다. 이것이 수중고고학 연구자들 사이에서 알만한 사람은 다 아는 '신안 보물선'이다. 발견된 대량의 유물 덕분에 '원나라와 일본의 무역 타임캡슐'이라고 일컬어지는 200t 급의 배다. 배의 주인은 하카타 상인으로 중국에서 만들어진 배는 일본인과도 연관되어 있었다.

이 배의 구조를 보면 외판은 한 장뿐이지만 선저(船底)는 V자 모양을 하고 있어 거친 바다의 항해에 적합한 배로 용골도 견고하고 격벽으로 보강되어 있었다.

발굴된 화물은 당시 일본에서 사용된 중국 도자기와 로즈우드 같은 목재였다. 그 중 가장 주목을 끈 것은 동으로 만들어진 중국 화폐였다. 신안 보물선에는 무게로는 27t, 개수는 무려 700만 개에 이르는 동전이 쌓여 있었다. 그것은 오래된 동전들로 가장 오래된 것은 한나라 시대, 서력 14년에 만들어진 것이었다.

그런데 왜 이렇게 많은 화폐를 일본으로 운반하려고 했을까? 일설에 의하면 일본에서는 동전의 재료인 동 자체의 가치가 인정을 받았는데 중국에서는 당시 왕조가 정한 화폐로서의 가치 외에는 전혀 쓸모가 없었기 때문이라고 한다. 중국에서는 왕조가 바뀌면 이전 왕조 때 사용했던 화폐는 아무런 가치가 없었다. 그러나 일본에서는 주조국이나 시대에 관계없이 10g의 동화(銅貨)라고 하면 동(銅) 10g어치로서의 가치를 고스란히 인정했다.

그래서 상인은 중국에서 가치가 없어진 동화를 긁어모아 밸러스트 대신 배에 싣고 일본에 가지고 간 후 그것을 판 돈으로 대량의 금을 구입하려는 생각을 했을 것이다. 일본에서는 은과 동에 비해 금의 가치가 상대적으로 낮아서 금을 값싸게 살 수 있었기 때문이다. 그 금을 중국으로 가지고 돌아가 팔면 밑천 없이 큰 돈벌이를 할 수 있다고 계산한 것이다. 어쩌면 마르코 폴로는 이 방법으로 큰돈을 번 상인을 보고 "황금의 나라 지팡구"라 기록했던 것이 아닐까.

참고로, 일본에서 최초로 주조된 화폐는 708년의 와도카이친(和同開珎)으로 이후 958년까지 12종류의 화폐(황조12전皇朝12錢, 일본에서 주조된 12종류의 동전銅錢의 총칭—옮긴이)가 주조되었다. 그러나 새 화폐를 발행할 때마다 국가는 이전의 화폐 가치를 10분의 1로 절하(디노미네이션)했기 때문에 애써 돈을 모아도 신화폐가 발행되면 손해가 되는 사태를 초래했다. 통화정책의 실패였다. 그래서 서민들은 새 화폐가 발행될 때마다 구(舊) 화폐를 녹여 돈으로 바꿔 썼다. 그렇게 하는 것이 구 화폐로 쓰는 것보다 더 이익이었다. 이렇게 해서 국가가 발행하는 화폐는 점차 신용을 잃게 되었고 일본에서는 더 이상 쓰이지 않게 되었다.

　그러나 경제활동에서 화폐가 없다는 것은 상상할 수 없다. 일본의 국내 경제가 발전하면서 송전(宋錢), 원전(元錢), 명전(明錢) 등 중국의 동전(銅錢)이 대량으로 수입되어 유통되게 되었다. 일본 국내에서 공적인 동전이 다시 발행된 것은 에도 시대부터다. 가치가 있다면 해외 화폐도 예사롭게 유통시킨 것이다.

2

원나라 몽골군의 종언지,
다카시마 해저 유적

일본 열도에서 가장 큰 섬 혼슈(本州) 서쪽 끝에 위치하는 나가사키 현(長崎県)은 일본에서 섬이 가장 많은 곳이다. 쓰시마(對馬), 이키(壱岐), 히라도시마(平戸島)처럼 잘 알려진 섬부터 구쥬쿠시마(九十九島), 고토 열도(五島列島), 단조 군도(男女群島), 최근 화제가 되고 있는 군칸지마(軍艦島, 하지마端島로도 부른다—옮긴이), 이름 없는 무인도까지 합하면 그 수가 무려 971개나 된다. 면적으로는 일본 전국 37위지만 해안선 길이로 따지면 2위인 것은, 그만큼 섬이 많고 대부분 리아스식 해안이라서 해안선의 굴곡이 복잡하기 때문이다.

나가사키 현의 기타마쓰우라 반도(北松浦半島)와 시가 현(佐賀県)의

히가시마쓰우라 반도(東松浦半島) 사이에 있는 이마리 만(伊万里灣)에도 유인·무인을 포함해 50개 이상의 섬이 점재해 있다. 그 중 두 번째로 큰 섬이 다카시마(鷹島)로 크기는 두 번째지만 면적은 16km²에 불과하다. 인구는 2,500명 정도로 지리적으로는 히라도 제도(平戸諸島)에 속하고, 행정적으로는 나가사키 현 마쓰우라 시(市) 다카시마 쵸(町)다(나가사키 현 도키쓰쵸時津町에도 다카시마가 있다).

이곳은 13세기 원나라 몽골군이 침공했을 때 격전을 벌였던 곳이다. 가마쿠라 시대(鎌倉時代, 1185~1333), 원나라의 몽골군은 두 번에 걸쳐 일본을 침략했는데 두 번째 공격 때 가미카제(神風, 원군에게 큰 피해를 준 폭풍우—옮긴이)가 불었던 곳이 바로 다카시마다. 이때, 14만 명의 원나라군이 섬 주위에서 섬멸됐다. 다카시마는 원구(元寇, 《일본사》에서 원나라 몽골군의 일본 침공을 부르는 용어—옮긴이)의 종언지였던 것이다. 그리고 최근에는 이곳에서 원의 해저 보물선이 발견되면서 일본 수중고고학의 발상지가 되었다.

원의 신병기에 고전하는 일본군

원나라는 왜 일본을 공격했을까.

13세기 초, 몽골 고원의 부족장이었던 테무친(칭기즈칸)은 여러 부족을 하나로 모아 몽골 제국을 건국한다. 제국은 그 후에도 세력을 확대해 5대 황제 쿠빌라이 칸은 대도(지금의 베이징)로 수도를 옮기고 국명도 '원(元)'으로 바꾼다. 그는 원의 세력과 영토 확대에 무서운 집념을 보였다. 1279년에는 남송(南宋)을 무너뜨리고 몽골고원과 중국을 통일했다.

쿠빌라이 칸은 1266년 고려를 통해 일본에 사신을 보냈는데 사신은 쿠빌라이 칸의 편지를 갖고 있었다. 《일본사》 교과서에 모장(謀狀)이라는 이름으로 나오는 이 편지에는 다음과 같이 씌어 있었다. "나는 대국, 원의 황제다. 소국 일본은 내게 인사하러 한 번 오라. 나도 군대를 보내는 것은 바라지 않는다."

이것은 분명 허울 좋은 협박이다. 당시 가마쿠라 막부를 집권했던 호조 도키무네(北條時宗)는 편지를 읽고 격노해 사자도 쿠빌라이 칸의 편지도 묵살해버렸다. 단, 실제로는 원의 공격에 대비해 이국경고번역(異國警固番役, 막부가 규슈의 무사에게 내렸던 군역軍役—옮긴이)을 설치하는 등 다소의 대책은 강구했다. 그 후에도 원은 끈질기게 사신을 보냈다. 그러나 가마쿠라 막부의 계속된 무시로 인해 쿠빌라이는 마침내 일본을 공격하기로 결심했다.

이렇게 원군의 1차 일본 침공이 시작되었다(1274년 11월. 《일본사》에서는 당시 천황의 연호를 따서 '분에이의 역文永の役'이라고 지칭한다—옮긴이). 원나라와 고려의 연합군으로 이루어진 2만 8천 명의 병사가 900척의 배에 나눠 타고 쓰시마를 공격했고, 9일 후에 이키를 공격

했다. 한편 일본도 규슈와 주변 지역의 무사들이 태재부(太宰府, 지금의 규슈 일대를 관장하던 통치기구―옮긴이)에 속속 모여들어 적을 맞아 싸울 태세를 취했다. 이키를 공격한 여원연합군은 닷새 후 하카타 만에 상륙했다. 일본군은 즉각 응전했다. 일본군은 당시 원군의 집단 전술과 '진천뢰(震天雷, 지금의 수류탄에 해당되는 일종의 작열탄―옮긴이)'라고 하는 낯선 무기에 당황했으나 태재부에서 증원 부대가 달려와 형세는 역전되었다. 기마부대가 원군의 보병부대를 차례로 격파했고 이때의 모습을 그린 그림이 《일본사》 교과서에 빠지지 않고 실리는 〈몽고습래회사蒙古襲來繪詞〉다. 피 흘리는 말을 타고 싸우는 무사가 이 그림의 주인공인 다케사키 스에나가(竹崎末長)로, 이 그림을 그리게 한 후원자다.

그런데 일본군은 강력한 여원연합군을 어떻게 격퇴했을까. 원나

〈몽고습래회사〉. 원나라의 침입에 대한 자료로 유명한데, 다케사키 스에나가에게 활을 쏘는 몽골군은 후세에 덧그려졌다는 설도 있다. 그림의 오른편 상단에 작렬하는 '진천뢰'가 그려져 있다.

라의 일본 침공에 대한 연구로 유명한 오타 고키(太田弘毅)는 원군의 1차 침공에서 일본군이 승리한 원인으로 ①여원연합군의 통솔이 제대로 이루어지지 않았던 점 ②여원연합군이 단시간에 많은 화살을 써버린 점 ③여원연합군이 예상했던 것보다 일본의 무사가 용맹하게 싸웠다는 점을 들고 있다.

태풍에 전멸한 몽골 대함대

원나라의 쿠빌라이 칸은 1차 침공에 실패했어도 전혀 놀라지 않았다. 그리고 다음해인 1275년에 다시 일본에 사신을 보냈다. 일본의 입장에서는 전쟁을 도발하고 천연덕스럽게 다시 사신을 보내니, 쿠빌라이 칸의 진의를 알 수가 없었다. 그래서 첩자가 틀림없다며 사신 일행 5명 전원의 목을 베어버렸다. 4년 후, 원나라 사신이 거듭 일본을 찾았는데 그들 역시 태재부에서 참수형에 처해졌다.

그 사실을 접한 쿠빌라이는 격노하며 즉시 두 번째 일본 침공을 준비했다. 이렇게 일어난 것이 원의 2차 침공(1281년 7~8월. 《일본사》에는 고안의 역弘安の役이라고 지칭한다—옮긴이)이다. '이번에야 말로 일본을 정복한다'는 기세로 쿠빌라이도 만반의 준비를 했기 때문에 병력도 1차 때와는 크게 차이가 났다. 동로군(東路軍, 고려와 원나라의 연합군—옮긴이) 4만 명과 강남군(江南軍, 패망한 남송의 항병으로 구성된 수군─옮긴이) 10만 명, 총 14만 명을 파병했다. 1차 때의 4배에 해당하는 숫자다. 한반도를 경유하는 동로군 4만 명은 여원연합군으로 구성되어 고려의 합포(合浦, 지금 지명으로 한국의 마산─옮긴이)에서 900척의 배에 나눠 타고 출진했다. 강남군 10만 명은 패망한 남송(南宋)군으로 구성되어 중국의 경원(慶元, 지금의 닝보寧波─옮긴이)에서 3,500척의 배로 출진했다. 항로가 다른 양군은 일본에서 합류하기로 되어 있었다.

일본도 적이 오는 것을 멍하게 기다리고 있었던 것은 아니다. 원의 2차 침입에 대비해 하카타 만의 해안선을 따라 길이 20km에 걸쳐 석루(石壘)를 쌓았다. 돌담과 같은 이 바리게이트는 높이 3m, 폭 2m인 곳도 있었다고 한다.

8월 23일, 14만 명의 병사를 태운 4,400척의 몽골 대함대가 하카타 만에서 합류해 이마리 만으로 들어왔다. 그들을 기다리고 있던 일본군은 약 4만 명. 일본군이 압도적으로 불리했다.

그때 '가미카제'가 불었다. 이 이야기는 아무래도 사실인 듯하다. 교토(京都)를 비롯한 다른 지역의 기록에도 가미카제에 대한 이야기가 남아 있기 때문에 1281년 8월 모일(某日)의 한밤중부터 다음날 새벽까지 태풍이 규슈 북부 지역을 통과한 것은 확실하다. 한 연구자의 계산에 의하면 이때의 태풍은 순간 최대 풍속이 약 55m로, 1954년의 태풍 마리(Marie)에 필적하는 세기였다고 한다(1954년 9월

26일 일본을 강타한 태풍 마리로 인해 아오모리와 홋카이도 사이를 운항하던 4,300t급 여객선 도야마루호가 침몰됐다—옮긴이).

여기서 결전장이 되었던 이마리 만의 해역을 떠올려보자. 이마리 만은 크고 작은 무수한 섬들이 점재하고 있어서 그렇지 않아도 통과하기 어려운 해상 교통의 난소(難所)다. 그런 해역에 4,400척의 크고 작은 배들이 몰려들었다면 순식간에 서로 밀고 밀리는 상황이 만들어졌을 것이다. 거기에 밤이 되어 주위는 어두워지고 맹렬한 태풍까지 덮쳤다면 몽골 대함대는 잠시도 버티지 못했을 것이 분명하다. 좌초하는 배, 바위에 부딪히는 배, 아군의 배에 충돌하는 배…… 큰 혼란에 빠졌을 것이다. 거기서 간신히 목숨을 건져 다카시마에 상륙한 병사도 대기하고 있던 일본군의 칼에 쓰러졌다.

14만 명을 태운 4,400척의 몽골 대함대는 자연의 맹위 앞에 맥없이 괴멸하고 말았다. 조선 시대에 편찬된 역사서 《동국통감》(東國通鑑, 1484년 왕명에 의해 서거정이 편찬했다. 단군 조선부터 고려까지 다룬 조선 전기 역사서—옮긴이)에는 "원군(원과 남송) 10만여 명, 고려군 7천여 명이 불귀의 객이 되었다"고 씌어 있다. 그렇다면 10만 7천 명 이상이 전사했다는 말이다. 대부분 바다에 빠져 죽었을 것이다. 그럼 그때 태풍으로 침몰한 배는 어디로 사라졌을까.

발견된 원나라 도장

나가사키 현 마쓰우라 시의 다카시마는 지도에서 보면 '人(인)' 모양을 하고 있다.

다카시마는 남북 방향으로 7.2km, 동서 방향으로 6.9km밖에 되지 않는 작은 섬이지만 해안선의 변화가 풍부하고 어항 4곳을 포함해서 6곳의 항구가 있다. 현해탄으로 이어지는 이마리 만이 있어 어업이 발달했다. 자주복(참복) 양식으로도 유명하다.

그런데 옛날부터 다카시마 해역에서는 이상한 물건들이 그물에 걸려 올라왔다. 지금까지 누구도 본 적이 없는 항아리, 깨진 찻잔과 접시, 용도를 알 수 없는 쇳덩이 등이다. 항아리는 당호(唐壺)라고 하는데 상태가 좋은 것은 어부가 집에 가져가 장식했다. 종종 불상도 발견되었다.

그래서 많은 사람들이 '다카시마 부근의 해역에 원나라 몽골군의 침공 때 침몰한 배들이 잠들어 있는 것이 아닐까' 하고 생각했다. 그러나 구체적인 조사나 발굴 작업으로 이어지지는 않았다.

상황이 달라진 것은 1980년대였다. 항해계기학이 전공인 공학박사 출신으로 도쿄상선대학(東京商船大學) 명예 교수인 모자이 도라오(茂在寅男) 박사가 당시 문부성(지금의 문부과학성—옮긴이)의 위탁을 받아 다카시마 보물선의 조사를 시작했다. 모자이 박사는 고고학 전공은 아니었지만 직접 개발한 해저탐사기기로 다카시마 주변을 사전 조사했다. 그 결과, 보물선 본체를 발견하지는 못했지만 중국제 도자기와 철제 그릇 등 몽골의 대함대와 관련되는 것으로 보이는 다양한 유물들을 인양했다. 역시 이 바다에는 그 당시의 보물선이 잠들어 있는 것 같다.

놀라운 사실이 또 하나 있다. 지역 주민이 모래사장에서 발견했다며 청동으로 된 사각 도장을 문부성 조사팀에게 갖고 온 것이다. 도장을 자세히 살펴보니 지금껏 본 적 없는 문자가 새겨져 있었다.

그것은 파스파(八思巴) 문자였다. 이것은 티베트의 고승 파스파가 쿠빌라이 칸의 명을 받아 만든 것으로, 몽골어를 필기하기 위해 개발된 문자다.

1269년에 제정되어 몽골의 공문서 이외에는 사용되지 않은 문자였다. 도장의 측면에는 "지원십사년구월조至元十四年九月造"라고 작게 새겨져 있었고, 또 파스파 문자를 중국어로 옮겨보니 "관군총파인管軍總把印"이라고 씌어 있었다. 지원(至元, 원나라 황제의 연호―옮긴이) 14년이면 1277년이다. 이 파스파 문자가 새겨진 도장을 일본에 갖고 온 인물이 있다면 그는 아마도 원나라의 장군이나 고급 관료였음이 틀림없다.

4개의 닻이 말해주는 가미카제

1980~1982년에 걸친 문부성 조사에서 다카시마 인근 해역에서 원의 침공과 관련되는 것으로 보이는 200여 점의 유물이 인양되었다. 고고학자가 입회하지 않았기 때문에 수중고고학으로서의 세밀한 기록은 남기지 못했지만 다카시마 주변 해역에 원의 침공과 관련한 해저 유적이 있다는 사실 만큼은 세상에 알릴 수 있었다.

이후의 성과를 생각하면 유적의 존재를 널리 알렸다는 의미에서 그 의의는 매우 크다. 유적이 있다는 사실을 사람들이 알게 되면 지역에서 이루어지는 여러 토목공사에서도 특별한 배려를 하게 되기 때문이다.

1994년 다카시마 남해안의 방파제 공사 때도 사전 조사가 이루어졌다. 조사를 맡은 것은 후쿠오카(福岡)에 거주하는 하야시다 겐조(林田憲三) 박사가 중심이 되어 발족한 규슈·오키나와 수중고고학협회(현재의 아시아 수중고고학 연구소)다. 하야시다 박사는 조지 배스가 있었던 펜실베이니아대학 출신이다.

이 조사에서는 주목할 만한 발견이 있었다. 수심 20m 해저에서 4개의 대형 목제 닻이 모래에 2m쯤 묻힌 상태로 발견된 것이다.

닻은 돌과 목재를 화살표 모양으로 짜맞춘 구조였다. 현존하는 유물은 가장 큰 것이 길이 2.6m, 폭 3.12m다. 복원하면 족히

8~9m의 길이는 될 것이다. 돌은 중국 남부에서 생산된 것이고 목재도 같은 산지의 것일 가능성이 높다. 닻줄은 대나무로 짜여 있는데 이것도 옛날부터 중국에서 사용되었다.

이런 유물 자체에도 충분히 관심이 가지만 주목해야 할 것은 각각의 닻이 발견된 위치 관계다. 닻은 4개 모두 화살표가 남쪽으로 향한 채 묻혀 있었다. 그렇다면 적어도 4척의 배가 더 이상 북쪽으로 흘러가지 않도록 남쪽을 향해 닻을 내렸다는 것이 된다. 즉, 이들 배가 침몰했을 때 강한 남풍이 불었을 가능성이 높다. 많은 배들이 태풍의 강한 남풍에 밀려 다카시마의 남쪽 해안에 부딪쳐 좌초되거나 전복된 것이 아닐까? 닻의 위치는 원군의 2차 침공 때 '가미카제'가 불었다는 증명이 될 수도 있다.

닻의 발견은 다음 단계의 조사로 발전했다. 그곳에 닻이 내려졌고 닻줄이 뻗어 있다면 그 연장선상에 배의 본체가 있을 것이다. 즉, 닻줄의 당김 정도와 해안까지의 거리에서 배가 침몰해 있을 만한 지점을 어느 정도 계산해낼 수 있다.

이렇게 해서 2001년부터 시작된 발굴 조사에서는 원군이 침공했을 당시의 것으로 추정되는 유물이 발견되었다. 다수의 도자기와 다양한 철제품, 검 등의 무기 일부, 원나라 시대의 것으로 보이는 투구, 화살 다발 등이다. 그러나 보물선 자체는 찾을 수 없었다. 선체의 일부로 추정되는 목재 조각만 발견되었을 뿐이다.

왜 조각만 있을까? 생각해볼 수 있는 것은 파도의 영향이다. 해저는 우리가 상상하는 이상으로 역동적인 세계다. 늘 해류와 파도의 영향을 받는다. 다카시마 해저 유적에서 목재가 발견된 장소는 수심 10~15m로, 이 정도 깊이면 파도의 영향은 피할 수 없다. 바꿔 말하면, 파도의 영향이 적은 수심 25m 이상의 해저에는 보존 상태가 양호한 보물선이 지금도 바다 밑에 잠들어 있을 가능성이 높다.

세계에서 가장 오래된 화약무기의 발견

다카시마 해저 유적에서는 닻 이외에도 흥미로운 유물이 다수 발견되었다. 그 중 하나가 '진천뢰'다. 이 유물의 발견이 역사를 바꿔놓았다고 할 수 있다. 진천뢰는 앞에서 소개했던 〈몽고습래회사〉에도 그려진 몽골식 수류탄인데, 진천뢰는 두루마리 그림을 그린 작가의 창작이거나 이후에 덧그려진 것이라고 생각했다. 13세기 시점에서 화약이 강력한 무기로 실용화되었다고는 보기 어렵기 때문이다. 그러나 다카시마에서 발굴된 유물은 진천뢰의 실물이라고 볼 수 밖에 없었다.

직경 15cm, 두께 1cm 정도의 도기(陶器)로 되어 있는 둥근 모양으로 배 안에서 이리저리 구르지 않도록 바닥 부분은 살짝 편평하게 되어 있었다. 탄의 상부에 있는 작은 구멍은 도화선용일까? 엑

스레이 사진으로 보면 탄의 내부는 작은 쇠 부스러기로 채워져 있었다. 화약은 안타깝게도 유출되었지만 구조적으로 현재의 수류탄에 가깝다. 〈몽고습래회사〉의 진천뢰 그 자체다. 화약을 사용한 대인병기가 전쟁터에서 발견된 예로는 진천뢰가 세계에서 가장 오래되지 않았을까?

다음으로 발견된 것은 도자기로 다카시마 주변에서 발견된 찻잔, 항아리 등의 도자기는 푸젠성(福建省) 등의 중국 남부에서 구워진 것이 많고, 대부분 조악한 것들이었다. 다른 지역에서 발견되는 교역용 상품인 도자기와는 질에서 확연하게 차이가 난다. 그러나 이것은 당연한 것이다. 전쟁에 나가는데 굳이 고가의 찻잔을 챙길 사람은 없다. 반대로 극히 소량 발견된 고가의 도자기가 병사 사이에 명확한 신분 차이가 있었음을 말해준다.

몽골 제국이 중국을 통일했을 때 중국 북부는 상당히 이른 단계에 영토에 편입되었다. 반면에 중국 남부의 남송은 1279년이 되어서야 비로소 원에게 복종했다. 자신들의 지배하에 들어온 지 얼마 안 된 남송인들은 신뢰할 수 없었을 것이다. 그래서 원의 내부에서는 노골적인 신분 질서가 존재했던 것이다. 몽골인, 색목인(色目人, 중앙·서아시아인), 한인(漢人, 중국 북부 출신자), 남인(남송 출신자) 순서로 서열이 만들어진 것이다. 다카시마에서 발견된 도자기는 그 서열의 존재를 뒷받침해주는 증거라고 할 수 있다.

눈을 뗄 수 없는 다카시마

마지막으로 원군의 침공 때 사용되었던 배에 대해서 알아보자.

1차 침공에서 원군은 900척의 배에 나눠 타고 바다를 건넜다. 기록을 보면 각각 300척의 천료주(千料舟), 발도로경질주(拔都魯輕疾舟)와 흡수소주(吸水小舟)였다고 되어 있다.

천료(千料)의 료(料)는 원나라에서 쓰는 무게 단위로, 천료(千料)는 약 300t이다. 즉 천료주(千料舟)는 300t 급의 대형화물선이다. 흡수소주(吸水小舟)는 물을 보급하는 소형선으로 순찰도 맡았다. 발도로경질주(拔都魯輕疾舟)는 병사를 육지로 옮기기 위한 상륙정이었던 것 같다. 900척은 같은 종류의 배가 아니라 여러 형태의 배가 역할을 분담했다는 것이 된다.

2차 침공 역시 마찬가지로 보아도 될 것이다. 4,400척이 전부 대형선이 아니라 크고 작은 배들이 뒤섞여 있었을 것이다. 예를 들어, 원양 항해 중에는 대형선에 소형선 몇 척을 싣고 항해하다가 상륙지점 부근에서 소형선을 내리거나 하지 않았을까? 군함 4,400척이라면 약간 비현실적이라는 기분도 드는데, 대형선이 보트 같은 소형선을 8~10척 싣고 있었다면 충분히 현실적인 숫자다. 실제로 마르코 폴로나 이후 중국을 방문한 이븐 바투타(Ibn Battuta, 1304~1368, 중세 이슬람 여행가―옮긴이)도 중국 상선은 대형선과 함께 작은 선단을 이뤘다고 기록하고 있다.

흥미로운 것은 다카시마에서는 고려 배로 추정되는 재료가 거의 발견되지 않았다는 사실이다. 발견된 유물도 대부분 중국에서 사용했거나 만들어진 것들이었다. 즉, 고려의 선단은 거의 피해를 입지 않았거나 우연히 조사했던 해역에 고려 배가 없었다는 것이 된다. 기록에도 "가장 큰 피해를 입은 것은 중국에서 온 군함으로, 고려 배는 거의 피해를 입지 않았다"고 씌어 있다. 이는 문헌자료와 수중고고학 자료를 비교 연구하는 데 있어 중요한 발견이다.

배에 대한 흥미로운 점들은 아직 많다. 예를 들어, 발견된 선재(船材)에는 두께가 8cm인 것과 12cm가 넘는 것이 있고, 사용된 못의 머리의 크기가 0.75cm, 1cm, 1.5cm, 3종류로 규격화되어 있었다는 점이다. 다카시마 해저에서는 대형선과 소형선 등 다양한 목재가 발견되고 있다. 특히 대형선은 중국 푸젠성에서 만들어진 배일 것으로 추정된다. 이것은 중국에서 발견된 취안저우 보물선과 한국의 신안 앞바다 보물선을 비교·연구할 수 있는 좋은 자료인데, 전문적인 이야기이므로 여기서는 생략하기로 한다.

어쨌든 일본에서의 수중고고학은 이 다카시마 해저 유적 발굴에서부터 시작되었다. 또, 본격적인 조사가 이루어진 지 채 20년도 안 되어 파스파 문자로 새긴 도장, 진천뢰, 남쪽을 향해 내려진 닻 등 원의 침공이라는 역사적 사실을 물리적으로 증명하는 여러 가지 증거가 발견되고 있다.

조사는 아직 수심이 얕은 해역에서만 이루어지고 있는데 앞으로 깊은 해역에까지 조사가 진행되면 지금까지의 역사관이 크게 바뀔 만한 발견을 가져올 가능성도 있다.

3

베트남, 몽골 함대를 쫓아라

2007년 가을, 베트남 하노이 고고학 연구소 전 직원인 롱 박사로 부터 이메일을 받았다. "베트남 북부에서 대형 목제 닻이 발견되었 는데, 그것이 몽골 함대의 것인지 조사해주었으면 합니다"라는 내 용이었다. 롱 박사와 나는 서로 일면식이 없었지만 그는 아마도 다 카시마 해저 유적에 관한 나의 논문을 읽고 메일을 주었을 것이다.

메일에 첨부된 닻의 사진을 보니 6m가 넘는 2개의 대형 닻이었다. 크기로 말하면 다카시마에서 발견된 것과 관련이 있을 것 같았다.

나는 즉시 롱 박사에게 연락을 취해 조사에 협력하고 싶다는 뜻 을 전했다. 그런데 여기서부터 쉽지 않은 문제가 시작되었다. 조사에 필요한 연구자금을 어디서 어떻게 끌어올지 해결하여 자금을 변통해야 했다. 조사는 혼자 할 수 없으니까 고고학자의 유지를 모으고, 동시에 함께 일할 사람도 채용해야 한다. 이때는 결국 텍사스 A&M대학교를 비롯해 호주의 플린더스대학(Flinders University)에서도 사람을 뽑아 조사단을 결성했다. 자금 조달도 해결될 전망이 보였다. 그렇게 해서 2008년 여름, 나는 조사단원들과 베트남 하노이로 떠났다.

몽골 함대의 해외원정이라고 하면 일본인은 2차에 걸친 여원연합군의 침공을 가장 먼저 떠올리는데 몽골 제국은 다른 나라도 여러 번 침략을 시도했다. 그 중 하나가 13세기 후반의 베트남 원정이다. 특히 베트남에서는 '바익당 강(白藤江) 전투'에서의 몽골군 격파를 떠올리는데, 일본에서처럼 몽골군은 참패를 맛보았다. 롱 박사가 말하는 닻이 그때의 몽골 함대의 것이라면 이것이야말로 세기의 대발견이 될 것이다.

몽골군을 격파한 바익당 강 전투

해외 진출에 끝없는 야심을 가진 쿠빌라이 칸은 1288년 대월국 (大越國, 지금의 베트남)을 복종시키기 위해 400척이 넘는 배로 구성된 몽골 함대를 파견했다. 원군의 2차 일본 침공에서 대패한 지 7년

후의 일이다. 그 무렵 대월국은 쩐(陳) 왕조가 통치하고 있었다. 수도는 홍하(紅河, 지금의 홍 강江) 유역의 탕롱(昇龍, 지금의 하노이)이었다. 몽골군은 통킹(Tonking) 만에서 배로 홍하를 거슬러 올라와 탕롱에 도착해 쩐 왕조를 단번에 제압하는 작전을 세웠다.

몽골군 함대는 대월국에 도착, 작전을 결행하여 탕롱에 상륙했다.

그러나 이것은 쩐군의 작전이었다. 쩐군은 일부러 몽골군을 탕롱으로 유인해 그곳에서 장기적인 게릴라전을 펼 계획이었다.

몽골군이 탕롱에 상륙해보니 인근 논밭은 모조리 불타버리고 아무것도 남아 있지 않았다. 이른바 '초토화 작전'이다. 적의 모습도 보이지 않았다. 몽골군은 탕롱을 점령했지만 길고 힘든 싸움이 기다리고 있었다. 언제 정글에서 튀어나올지 모를 쩐군의 집요한 게릴라 공격이 이어졌다. 이렇게 점차 지구전(持久戰)이 되면서 식량 확보에 실패한 몽골군은 굶주림과 피로로 서서히 힘을 잃었다. 해외 원정에서는 수도만 함락하면 정복할 수 있다고 생각했지만 이것은 큰 오산이었다. 이 상황에서는 몽골군이 자랑하는 기마부대, 남송의 막강 해군도 전혀 힘을 쓸 수 없다. 할 수 없이 몽골군은 후퇴할 수밖에 없었다.

하지만 몽골군의 비극은 여기서 끝나지 않았다. 쩐군의 총사령관 쩐흥다오(陳興道)가 이끄는 병사들이 홍하 하류의 바익당 강에서 퇴각하는 몽골군을 기다리고 있었던 것이다. 바익당 강 하구는 조수간만의 차이가 큰 곳이다. 쩐흥다오는 이곳에 수많은 말뚝을 박고 몽골군이 가까이 오기만을 기다렸다. 그 후의 바익당 강 전투는 여러 문헌에 다음과 같이 소개되어 있다.

"몽골 함대가 홍하 하구에 접어들었을 때 갑자기 쩐군의 소형선이 나타나 공격하고 그대로 하류를 향해 도망쳤다. 몽골 함대는 전속력으로 적의 배를 뒤쫓았다. 그러나 소형선은 쩐군의 '미끼'였다. 때마침 강은 썰물이 되어 순식간에 수위가 줄기 시작했다. 이때, 강에서 갑자기 모습을 드러낸 수많은 말뚝들로 인해 배를 멈추지 못한 몽골군은 결국 말뚝과 충돌해 크게 부서지고 말았다. 몽골 함대는 그곳에서 꼼짝도 할 수 없었다. 그러자 이번에는 불타는 빈 배가 강 상류로부터 다가왔다. 몽골군은 큰 혼란에 빠졌다. 그때 해안에 숨어 있던 쩐군이 일제히 공격을 개시했다. 이렇게 해서 몽골군은 바익당 강에서 괴멸했다."

이렇게 해서 몽골군과의 전투를 승리로 이끈 베트남의 쩐흥다오는 국민적인 영웅이 되었다. 그의 인기는 지금도 건재하여 내가 베트남을 방문했을 때 어느 도시를 가도 쩐흥다오와 관련된 이름의 도로와 건물을 볼 수 있었다. 그를 모시는 사원도 전국 각지에 존재한다. 신의 바람인 가미카제가 불었던 일본의 경우와 달리 베트남에서는 교묘한 작전으로 몽골군과 싸워 이겼고, 전투를 승리로 이끈 장군이 신격화되고 있다.

말뚝이 보여주는 대발견의 가능성

2008년 여름, 우리 조사단이 하노이에 도착하자 롱 박사는 "웰컴 투 베트남!" 하고 웃는 얼굴로 맞아주었다. 박사의 안내로 우리는 곧장 발굴된 닻이 보관되어 있는 장소로 향했다.

결론부터 말하자면, 발굴된 닻은 두 개 모두 몽골군과는 관계없는 시대의 것이었다. 그러나 닻의 조사가 보다 큰 발견으로 이어졌다. 베트남에 온 김에 직접 바익당 강에 가본 것이 계기가 되었다.

바익당 강은 조수간만의 차이가 커서 사람이 살기에 적합하지 않았기 때문에 20세기 중엽부터 수시로 매립공사가 이루어졌다. 그때 바익당 강 하류에 위치한 마을, 옌지안에서 지면 아래에 수많은 말뚝이 있는 것을 공사 관계자가 발견했다.

'혹시 이 말뚝이 바익당 강 전투의 말뚝이 아닐까?' 하는 주위의 기대는 높아졌고 즉시 말뚝에 대한 학술조사가 시작되었다. 방사성탄소연대측정법으로 조사·분석한 결과 말뚝은 13세기의 것으로 판명되었다. 바익당 강 전투 시기와 겹친다. 바익당 강 주변에서 이루어진 고고학 조사에서는 강가뿐 아니라 강에서 조금 떨어진 육지 등 도시 여기저기서 나무 말뚝이 발견되었다고 한다. 왜 그렇게 광범위한 지역에 말뚝이 흩어져 있는지 점점 알 수 없는 수수께끼만 늘어갔다.

그런데 우리는 바익당 강에 직접 가서 경위를 듣고 '이 정도의 조사에서도 말뚝이 발견되었으니 정밀조사를 하면 반드시 몽골 함대의 보물선도 발견할 수 있을 것이다'라는 확신을 가졌다.

우리는 서둘러 하노이로 돌아와 몽골 함대의 본격적인 조사를 위해 베트남고고학연구소와 접촉을 시도했다. 그래서 이전에 바익당 강의 유적을 발굴했던 레 리엔 교수를 만날 기회를 갖게 되었다. 그녀는 우리를 환영하며 조사 진행에 협력해주기로 했다.

성과와 새로운 희망

당초에는 열흘 간 닻을 조사할 예정이었다. 그러나 조사 대상을 변경한 단계에서 모든 전개가 180도로 바뀌었다. 돌아가는 비행기 안에서 다음의 '바익당 강 조사 계획'을 세워야 할 만큼 시간적, 정신적으로 조급했다.

대학에 돌아와 조사 계획을 완성했는데, 최대 난관은 조사 자금을 보조해줄 단체와 대학 등의 스폰서를 찾는 일이었다. 다행히 새로운 연구에 의욕적으로 자금을 지원하는 것으로 알려져 있는 내셔널지오그래픽사에서 자금을 지원해주기로 했다. 특히 이번에는 베트남 외의 지역에서는 거의 알려지지 않은 쿠빌라이 칸의 대패배가 그들의 관심을 끈 것 같았다.

그리고 2009년, 우리는 다시 베트남으로 건너가 몽골 함대 탐색 사전 조사를 시작했다. 조사단은 레 교수, 롱 박사와 함께 확인된 말뚝이 남아 있는 곳으로 향했다. 이 말뚝들은 누가 일부러 알려주지 않으면 700년 전의 것으로 믿기 어려울 만큼 보존상태가 매우 좋았다. 실제로 최근까지 이 지역 사람들은 말뚝을 발견했어도 역사적 가치를 몰라 보고 방해가 된다며 불태우거나 돼지우리의 울타리로 썼다고 한다. 그러나 우리가 조사를 할 때는 현지 사람들도 역사적인 가치를 인식해 말뚝을 발견하면 즉시 관공서에 신고해주었다.

우리는 지역 박물관 직원과 학예원(學藝員)을 상대로 인터뷰 조사를 하고 주변 환경도 꼼꼼히 관찰했다. 나무 말뚝이 발견된 지역은 인구밀도가 낮고 논과 밭이 펼쳐진 한가로운 전원지대로 이 부근은 20세기에 들어서기 전까지 개발다운 개발이 거의 이루어지지 않았다. 현재 보이는 강의 흐름은 최근 들어 새로 수로를 설계해 고정한 것 같았다. 그전까지 이 일대는 삼각주로 여기저기에 늪지와 강이 있었다고 한다. 그렇다면 마을 여기저기에서 말뚝이 발견되는 이유도 이해가 간다. 700년 전 바익당 강 전투가 벌어졌을 때 이 일대는 배로 이동할 수 있는 물가가 많았던 것이다. 당시의 상태를 정확히 재현할 수 있다면 보물선이 잠들어 있을 장소를 어느 정도 좁힐 수 있다. 게다가 이곳은 거의 개발이 이루어지지 않았기 때문에 우리는 보물선의 보존 상태가 좋을 가능성이 높다고 확신했다.

이 조사는 아직 시작 단계에 있고 현재 내가 파악하고 있는 사실도 여기까지다. 앞으로는 지질조사를 통해 당시의 환경과 지형 복원, 그리고 금속탐지기와 자기탐지기를 사용한 조사도 계획되어 있다. 조만간 하노이에서 기쁜 소식이 들려올 날을 기대해본다.

4장

해저 보물선
발굴 매뉴얼

수중로봇과 해저 보물선.
조사선에서 케이블을 사용하여 로봇을 원격 조작하며 수중유적을 발굴한다.
(사진제공 : RPM Nautical Foundation)

수중고고학의 3단계

'수중고고학' 혹은 '해양고고학'이라는 말을 들으면 대부분 '수중에서 하는 발굴 조사'를 제일 먼저 떠올릴 것이다. 그러나 수중에서 하는 발굴 작업은 수중고고학이라는 학문의 일부에 불과하다.

일반적으로 보물선 조사는 ①사전 조사(Survey) ②발굴 작업 ③보존 처리의 3단계로 이루어진다. 이 조사가 끝나면 ④조사 결과의 분석 · 연구 ⑤발굴물의 전시로 이어지고 경우에 따라서는 ⑥추적조사가 더해진다. 소요 시간은 ①사전 조사 2~3년 ②발굴 작업 4~6개월, ③보존 처리 10~15년 ④분석 · 연구 3~5년(③과 병행하는 경우도 많다)이 걸린다.

박물관에서 해저 보물선과 관련된 전시를 본 사람도 있을 것이다. 그런 전시에는 최초 발견으로부터 적어도 15~20년이라는 긴 시간이 필요하다. 수중고고학은 시간과 수고와 비용이 드는 학문이다. 그러나 유적의 특징과 유물의 종류를 생각하면 그 정도의 노력과 비용은 충분히 그만한 가치가 있다.

수중고고학 분야에서 보물선 조사가 어떻게 이루어지는지 차례로 알아보자. 지금까지 소개한 보물선의 지식은 오랜 시간에 걸친 작업의 결과로 얻어진 것들이다.

모래사장에서 바늘 찾기

수중고고학은 먼저 보물선을 찾는 데서부터 시작된다. 이런 탐색 작업을 '서베이' 혹은 '사전 조사'라고 한다.

드넓은 바다에서 보물선을 찾는 작업은 때로 '모래사장에서 바늘 찾기'에 비유될 만큼 무모하고 어려운 일이다. 실제로 모래사장에 바늘을 한 개 떨어뜨렸다고 상상해보자. 바늘을 찾으려고 하면 먼저 어디에 바늘을 떨어뜨렸는지 확실한 장소를 밝혀내는 것이 중요하다. 이 정보가 없으면 바늘 찾기는 거의 불가능하다. 떨어뜨린 장소가 바닷물이 밀려오는 곳이라면 바다로 휩쓸려갔을 가능성이 높기 때문에 찾기 어렵다. 하지만 전혀 불가능한 것도 아니다. 예를 들어, 해수욕장에 갔을 때를 생각해보자. 썰물이 되면 모래사장에는 만조 때 없었던 쓰레기가 남는다. 바위가 있으면 주변에 쓰레기가 들러붙기도 한다. 즉, 해류의 흐름을 정확히 조사하면 떨어뜨린 바늘이 지금쯤 어디에 떠내려갔을지 어느 정도 예측할 수 있다.

바늘을 떨어뜨린 장소를 대충 짐작할 수 있고, 멀리 쓸려가지 않았다면 찾을 방법을 몇 가지 생각할 수 있다. 먼저 금속탐지기를 이용해 바늘을 떨어뜨린 장소 주변을 조사한다. 금속탐지기가 없으면 효율이 떨어지기는 하지만 자석으로 대신해도 된다. 떨어뜨린 지 오래 되지 않았다면 모래 표면으로부터 깊지 않은 곳에 있을 가능성이 높기 때문에 모래를 떠서 촘촘한 체로 걸러보는 방법도 있다. 혹은 주위가 어두워지는 밤을 기다렸다가 손전등으로 모래사장을 비춘다. 그렇게 해서 빛을 반사하는 것을 골라내는 것이다.

그런데 사실은 이런 방법보다 더 중요한 것이 목격증언이다. 혼자서 바늘을 찾는 것이 아니라 해수욕장에 있었던 많은 사람들의 눈에 기대를 거는 것이다. 바늘을 본 사람이 있을지도 모르고, 혹은 누가 주웠을지도 모른다. 아니면, 누군가 발에 찔렸을 가능성도 있다. 그러므로 직접 찾기 전에 주변 사람들에게 물어보는 것이 좋다. 이렇게 생각하면 '모래사장에서 바늘 찾기'도 전혀 불가능한 것은 아니다.

사전 조사 1 — 정보 수집

이제, 그 바늘을 보물선으로 바꿔 생각해보자.

바늘과 보물선의 결정적인 차이는 '보물선이 사회적인 존재'라는 것이다. 해저 보물선은 침몰하기 전까지 사회의 여러 사람들과 다양한 관계를 쌓고 있었다. 그 관계는 침몰한 후에도 계속될 가능성이 있다. 그리고 보물선과 관계를 가졌던(갖고 있는) 사람은 보물선에 대한 기록을 남겼을 가능성이 높다. 그런 이유로, 보물선을 찾기 위해 가장 먼저 해야 할 것은 보물선에 대한 정보를 수집하는 일이다.

항해일지, 여행기, 선원이나 승객의 일기, 도항계획서, 체험담과 수기, 신문기사, 역사서, 전설…… 등등 입수할 수 있는 정보는 많다. 그 배가 상선이라면 적하(積荷) 명세서, 매매 계약서, 매상장부, 보험증서, 그 외 업무상 작성했던 서류가 아직 남아 있을 가능성도 있다. 그 배가 군함이라면 작전명령서, 각종 보고서와 각서 등이 있을 것이다. 그런 의미에서는 시대가 오래 되지 않을수록 정보 수집이 쉽다. 반면에 로마 시대의 배라도 기록이 남아 있는 경우가 있다. 특사나 대사를 태운 배, 국책 차원에서 항해가 이루어진 교역선 등 공적인 성격이 강한 배가 기록이 남아 있을 확률이 높다. 또 소형선보다 대형선, 개인 소유보다는 무역회사 소유의 배가 기록에 남기 쉽다. 특히 네덜란드 동인도회사(1602~1799)는 소유하는 모든 배에 관한 상세한 기록을 남겨 놓은 덕분에 수중고고학의 귀중한 자료가 되고 있다.

이렇게 해서 배에 관한 자료를 모아 언제, 어느 해역에서 어떻게 침몰했는지 가능한 한 모든 정보를 집약한다. 동시에 지리적인 정보도 파악해야 한다. 수백 년이라는 시간이 흐르는 동안에 지진, 화산활동, 토사 퇴적 등으로 지형이 바뀌었을 가능성도 있기 때문이다. 특히 지명은 통치국이나 위정자가 바뀔 때마다 달라지는 경우가 많다. 해류나 계절풍의 방향도 수백 년 단위로 보면 변화가 있기 때문에 반드시 확인해야 한다. 이렇듯 정보의 정확도를 최대한 높여야 한다. 탐색해야 할 영역을 한정해 침몰 지점을 좁히면 그만큼 사전 조사에 드는 시간과 비용을 절약할 수 있다.

침몰 지점이 어느 정도 좁혀졌다면 이제 현지인들의 이야기를 듣는 것이 중요하다. 어부, 어업관계자, 스포츠 다이버 등 바다와 연관된 생활을 하는 사람들은 그 보물선에 관해 무언가를 보았거나 들었을 가능성이 높다. 그들과의 인터뷰가 기록이나 문헌을 조사하는 것보다 더 효과적일 때도 있다.

세계적으로도 해저 보물선이 어부의 그물에 걸려 발견까지 이르게 되는 경우가 많다. 3장에서 소개했던 다카시마 해저 유물도 옛날부터 어부들이 당호(唐壺)를 건져 올린 것이 유적 발견의 커다란 실마리가 되었다. 그리스에서는 수백 년 전의 동상이 그대로 인양된 예도 있다. 일설에 의하면 터키에서 발견된 수중유적의 85% 이상이 어부의 정보로 발굴되었다고 한다.

"그물에 무언가가 자주 걸린다. 아무것도 없는 바다 한가운데 물고기가 몰려드는 좋은 어장이 있다……" 어부로부터 이런 정보를 들었다면 반드시 확인이 필요하다. 해저 보물선은 물고기들의 서식처로써 최고의 장소가 된다. 도자기 항아리에는 문어가 자리를 잡고 있는 경우도 있다. 보물선은 어초(魚礁, 물고기 서식을 돕는 인공 구조물—옮긴이)처럼 물고기들에게 인기가 많다. 만일 낚시를 좋아하는 누군가가 바다에서 특별히 물고기가 잘 잡히는 명당을 알고 있다면 그 밑에 보물선이 잠자고 있는지도 모른다.

사전 조사 2 ― 해저 탐색

모든 정보를 정리하고 검토하여 침몰 지점을 압축했다면 다음은 사전 조사 기기를 사용할 단계다. 조사 기기는 해양지질학에서 해저의 지질과 구조를 측정하거나 해저유전의 예비 조사에 사용되는 기재다. 그러나 수중고고학자도 그 사용법을 어느 정도 숙지해둘 필요가 있다.

해저 상태를 영상화하는 기기, 지질을 단면적으로 볼 수 있는 기기, 금속자기에 반응하는 기기 등 다양한 것들이 있다. 기본적으로는 자신이 탄 배에서 와이어 등으로 예항해(끌고 가서) 사용하는데 GPS(위성항법장치— 옮긴이)로 항행 코스를 설정해 기기를 서서히 예항한다. 때로는 10m 간격으로 촘촘히 코스를 나눠 대상 영역을 롤러 작전으로 구석구석 탐사하기도 한다. 또, 같은 장소를 일주일 동안 빙빙 돌며 탐사하는데 결국 아무런 발견도 하지 못하는 경우가 드물지 않다. 그래서 문헌자료와 관계자를 대상으로 사전에 치밀한 조사를 해두지 않으면 정말로 '모래사장에서 바늘 찾는 꼴'이 될 수 있다. 더불어 포기하지 않고 탐사하는 자세도 매우 중요하다. 유명한 보물 사냥꾼인 멜 피셔(Mel Fisher)는 16년 동안 같은 해역을 탐색해 결국 노리던 보물선을 발견했고 4억 달러 상당의 보물을 얻었다.

해저면을 나타내는 기재에는 사이드 스캐너가 있다. 해저를 향해 초음파를 발사하여 반사한 음파를 수신한다. 그 수신파의 강약으로 해저의 지형을 화상(음향적 사진화상이라고 한다)으로 나타내는 기재다. 돌고래나 박쥐가 초음파로 멀리 떨어진 곳의 장애물을 탐지하는 것과 같은 원리다.

해저면을 화상으로 나타내는 또 다른 기재로 멀티 빔 측탐기를 들 수 있다. 이것도 초음파 반사 원리를 이용하는데, 반사 시간의 장단을 정확히 계측해 해저면을 3D(입체) 영상으로 볼 수 있다. 최근에는 자립형무인잠수기(AUV)도 개발되어 조사기기를 배로 끌지 않아도 정해진 코스를 조사하고 돌아온다. 그렇지만 이 두 기재는 상당히 고액이라서 사용할 기회는 그리 많지 않다.

지층 조사 기재로 해저표층탐사기(Sub-Bottom Profiler)가 있다. 이것은 해저면을 일정 깊이까지 세로로 잘라서 지층의 단면도로 보여주는 장치다. 육지였던 곳이 수몰되어 유적이 된 경우 매우 효과적이다. 그러나 그 이외의 일반적인 보물선 탐색에는 맞지 않다.

가장 손쉽게 사용할 수 있는 기기는 자기탐사다. 해저면과 해저에 묻혀 있는 물질의 자기(磁氣)를 탐지하는 기기다. 철, 니켈, 또는 그것들의 합금에 강하게 반응해 폭탄이나 기뢰의 불발탄 발견에 자주 사용된다. 해저 보물선의 경우도 비교적 오래되지 않은 철제 선체나 대포에 반응하는데 안타깝게도 목제로 된 배에는 전혀 반응하지 않는다.

사전 조사에 이용되는 기기를 몇 가지 소개했는데 아쉽게도 해저 보물선 탐사에 이들 기기가 결정적인 도움은 되지 않는다. 예를 들어, 다카시마 해저 유적은 유물들이 깊이 1~2m의 토사(실트, 고운 모래)에 묻혀 있었다. 사이드 스캐너처럼 음파를 사용하는 기기는 해저의 모양에만 반응하기 때문에 얕게 묻혀 있는 것에는 무력할 수밖에 없다.

결국 어부나 스포츠 다이버처럼 그 해역을 잘 알고 있는 사람의 정보가 보다 도움이 되며, 비과학적이기는 하지만 보물선의 발견에는 '운'도 따라야 한다. 그만큼, 발견되지 않을 때는 거짓말처럼 아무것도 찾을 수가 없다. 나도 지금껏 여러 번 보물선의 사전 조사에 참가했는데, 무언가 발견한 순간의 설렘은 지금도 기억에 또렷하다. 기재를 예항해 똑같은 지역을 빙빙 도는 작업은 매우 따분하고 단조롭지만 조금이라도 새로운 발견이 있으면 그런 수고로움은 단번에 잊혀진다.

발굴 작업 1 ― 현상에 대한 정확한 기록

해저 보물선이 발견되면 발굴 작업에 착수한다. 바닷속에서 유물을 인양하는 작업이다. 하지만 보물선 인양회사나 보물 사냥꾼처럼 유물만 얻으면 되는 것이 아니다. 수중고고학자는 모든 기록을 상세히 남겨야 한다. 고고학은 각 유물의 위치관계로부터 당시 상황을 재현하는 학문이다. 수중이든 육상이든 유물에 대한 기록의 중요성은 똑같다.

사전 조사 시점에서 보물선의 존재를 확인했어도 배의 모양까지 자세히 보이는 것은 아니다. 실제로 바닷속에 들어가 자신의 눈으로 확인하기 전에는 그 정체를 알 수 없다.

수중고고학자는 공기탱크를 메고 레귤레이터(Regulator, 공기를 입으로 전해주는 장비―옮긴이)를 입에 물고 바닷속으로 들어간다. 수백 년, 수천 년 같은 곳에 잠자고 있는 배가 멀리 시야에 들어온다. 오래 되었어도 보존상태가 좋은 경우는 마치 어제 가라앉은 것처럼 보인다. 바닷속 시계(視界)가 안 좋으면 뿌연 물속에서 갑자기 거대한 보물선이 모습을 드러내는데 수중에서는 때로 실제보다 사물이 크게 보이기 때문에 보물선을 처음 목격하는 순간, 엄청난 감동이 밀려오면서 그 거대한 크기에 압도된다.

보물선에 도착하면 눈으로 확인할 수 있는 범위에서 전체적으로 관찰한다. 육안으로 보이는 보물선의 부위, 유물, 각 방향과 위치 관계 등을 관찰하는 것이다. 내 경우는 '마일러(Mylar, 화학합성지─옮긴이)'라는 물에 불지 않는 종이에 연필로 기입한다. 하지만 제한된 잠수 시간 때문에 느긋하게 스케치할 여유는 없다. 꼭 필요한 사항만 메모하고 자세한 것은 물 밖으로 나와 다시 깨끗하게 고쳐 쓴다. 물의 투명도가 높으면 수중 카메라로 유적을 촬영한다.

그러고 나면 드디어 발굴 작업이 시작된다. 육상유적과 마찬가지로 해상유적 역시 위에서부터 차례로 파내려간다. 대규모 유적의 경우는 전체를 격자로 나눠 정해진 격자의 안쪽부터 순서대로 발굴한다. 출토된 유물도 그때마다 기록한다. 수중에서의 발굴, 보물선의 경우는 유물의 출토 위치가 특히 더 중요하다. 유물이 있었던 곳이 짐칸인지, 선수인지, 선미인지, 그런 위치 정보가 있어야 그 유물이 화물(상품)인지 개인 소지품인지 추정할 수 있다.

이렇게 해서 하나씩 순서를 밟아 작업해 나가는데 아무리 스쿠버(수중호흡장치)를 갖췄다고 해도 하루 종일 바닷속에 있을 수는 없다. 수압이 높은 상태에서 장시간 물속에 있으면 감압증(잠수병)이 발생할 위험이 높기 때문이다. 이것은 높은 압력 때문에 혈액에 녹아 있던 기체(질소 등)가 물 위로 부상하여 갑자기 압력이 줄었을 때 기포화해서 혈관에 차는 병이다. 다이버인 고고학자는 잠수병이 생기지 않도록 사전에 작업시간을 정해서 조금씩 발굴 작업을 해야 한다. 예를 들어, 보물선이 수심 30m에 있다면 잠수는 하루 2회로 제한하고, 잠수 시간은 1회 30분을 넘지 않도록 한다. 발굴 작업에 시간 제한이 있다는 것이 육상에서의 발굴 작업과 큰 차이다. 그만큼 체력도 필요하다.

수중고고학자는 발굴 작업에 주어진 시간을 최대한 효과적으로 활용하지 않으면 안 된다. 발굴 완료가 하루 연기되면 전세 낸 조사선을 비롯해 발굴에 필요한 전체적인 비용도 그만큼 늘어난다. 그래서 잠수 전에 발굴 계획을 꼼꼼히 짜서 작업 순서를 이미지 트레이닝으로 철저히 머릿속에 주입한다. 실제로 잠수해서 발굴 작업을 하는 시간보다 사전에 계획을 세우는 데 더 많은 시간이 걸린다.

발굴 작업 2 — 어둠 속에서

발굴 작업은 언제나 남은 시간과 탱크의 공기 양을 확인하면서 이루어진다. 고고학 조사에서는 무엇보다 안전이 우선이다. 2명 이상이 한 팀이 되어 잠수하고, '텔레폰 박스'라고 하는 유리컵을 거꾸로 뒤집은 모양의 기재를 준비하기도 한다. 크기는 공중전화박스 정도로, 천장 부분에 공기를 채워두었다가 작업 중에 긴급사태가 발생하면 공기를 마실 수 있는 박스에 들어간다.

스포츠로 다이빙을 즐기는 사람은 오키나와(沖繩)처럼 맑은 바다에서 잠수하는 것이 일반적일 것이다. 고고학자는 오히려 반대로 침전물이 떠 있는 더러운 바다에 잠수할 때가 더 많다. 왜냐하면 현대에 발견되는 보물선의 대부분이 투명도가 낮은 바다에 가라앉아 있기 때문이다. 투명한 맑은 바다에 가라앉은 배는 1950년대에 성행하기 시작한 보물선 인양으로 이미 많은 수가 인양되었다.

우리가 잠수하는 투명도가 떨어지는 바닷속은 한낮에도 캄캄하다. 유적에 따라서는 2~3cm 앞도 보이지 않을 때가 있다. 전등을 켜면 될 듯하지만 수중에 모래나 실트가 떠 있으면 빛이 반사해서 오히려 더 보이지 않는다. 작업을 하는 30분 동안 거의 아무것도 보이지 않는 경우도 있다. 그럴 때면 자신의 호흡 소리 외에는 어떤 소리도 들리지 않는 어둠 속에서 묵묵히 작업을 계속해야 한다. 말로 표현할 수 없는 절대 고독을 느낄 수밖에 없는 순간이다.

캄캄한 바닷속, 갑자기 희끄무레한 물체가 눈앞을 가로질러 놀라곤 하는데 그것은 해파리 같은 바다 생물이나 불가사의한 현상이 아니라 비닐봉투나 편의점의 도시락 용기인 경우가 대부분이다. 인간은 장소를 가리지 않고 쓰레기를 버리는 못된 생물인 것 같다. 어쨌든 내 친구 중 하나는 코를 물릴 때까지도 그의 주변에 메기가 있었는지 몰랐을 만큼 시계가 나빴다. 코앞까지 다가온 것이 상어가 아닌 게 다행이었다.

현재 세계에서 활약하는 대다수의 수중고고학자가 그렇듯이 나도 고고학자가 된 다음에야 다이빙을 배웠다. 그래서 나는 늘 침전물이 떠 있는 시계가 좋지 않은 바다에서 잠수했다. 몇 년 전, 처음으로 깨끗한 바다에 잠수했을 때는 다이빙게이지를 허리에 장착한 채 수심과 공기 양을 읽을 수 있어 감탄했다. 항상 시계가 안 좋은 바닷속에 잠수해서 게이지를 코앞에 대고 읽는 것이 습관이 되었기 때문이다.

발굴 작업 3 — 유적을 파다

실제 발굴에는 '드레지(Dredge)'라는 수중청소기 같은 기기를 사용한다. 이 '청소기'로 해저의 갯벌을 제거하는데, 호스를 직접 해저

면에 갖다 대면 묻혀 있던 작은 유물까지 빨아들일 위험이 있어서 먼저 손으로 모래를 파고 수중에 떠오른 진흙과 모래만 빨아들인 다. 이 방법을 쓰면 비즈 조각이나 올리브 씨 같은 작은 유물도 발견할 수 있다. 조금씩 파내려가면서 유물이 나오면 기록한다. 파고 기록하는 작업을 계속 반복한다.

기술은 하루가 다르게 발전한다. 특히 최근에는 디지털카메라를 도입해 수중에서 기록을 남기기 쉬워졌다. 시계만 좋으면 여러 각도에서 유적을 카메라로 촬영해 그 자료를 PC에 입력하고 디지털 처리해서 유적을 3차원으로 복원할 수도 있다.

50년 전 터키의 케이프 겔라도냐호를 발굴할 당시에는 해저에서 촬영한 흑백사진을 연구원이 발굴 현장 인근의 샘에서 한 장 한 장 현상했다고 한다. 그걸 생각하면 격세지감을 느끼지 않을 수 없다. 선배들의 노력과 기술개발로 지금은 안전하면서도 효율성 높은 수중발굴 작업을 하게 되었다. 감사한 일이다.

우리 고고학자 다이버가 잠수할 수 있는 깊이는 수심 50m 정도까지다. 유적이 그보다 깊은 곳에 가라앉아 있는 경우는 전문 다이버에게 발굴을 위탁하거나 최근에는 수중로봇을 활용한다. 인간의 손동작에 가까운 조작 성능을 가진 수중로봇 암(Arm)도 개발되어 조사선에서 원격조작으로 세밀한 발굴 작업을 할 수 있다. 수중로봇은 인간과 달리 24시간 작업을 계속할 수 있다는 장점도 있다.

해저에서 발굴한 유물을 기록했다면 다음은 드디어 인양 차례다. 유물을 인양하는 데는 바구니와 풍선을 사용한다. 유물을 바구니에 담아 공기를 주입한 풍선에 매달면 풍선(에어백)의 부력으로 바구니가 서서히 해면까지 상승한다. 이때 천천히 작업하지 않으면 항아리의 경우 식물의 씨나 꽃가루 같은 속의 내용물이 도중에 튀어나올 수도 있다. 유물 아래쪽에서 다른 유물이 발견되면 그것도 기록한다. 발굴하고 기록하는 작업의 반복이 이어진다.

발굴 작업 4 — 일부러 인양하지 않는 선택

최근에는 유물을 일부러 인양하지 않는 경우도 늘고 있다. 현상 유지를 위해 의도적으로 물속에 유적을 보존해두는 것이다.

2001년에 유네스코 총회에서 '수중문화유산 보호조약'이 채택되면서 보물선을 둘러싼 상황도 크게 바뀌었다. 유네스코가 주장하는 것은 ①수중에서 인양된 유물의 매매를 금지한다 ②국가가 주체가 되어 수중문화유산을 보호한다 ③수중문화유적 조사에서 국제사회가 협력한다 등이다. 거기에 더해 유물의 현상 보존도 하나의 방침으로 내세웠다. 유물을 인양하면 그 위치 관계는 영원히 사라진다. 수중에서는 유적이 비교적 안정된 상태로 있다는 것을 생각하면 일부러 '발굴하지 않는다'는 선택지도 있다. 그러면 발굴하지 않아도 기록은 정확히 할 수 있다.

이런 국제적인 흐름에 따라 보물선의 데이터베이스를 국가나 지역에서 정비하는 움직임도 일기 시작했다. 지중해에서는 2,000건이 넘는 유적이 등록되었고, 호주와 영국은 국가가 솔선해서 보물선의 데이터베이스를 작성하고 있다.

보존 처리 1 — 환경을 바꾸지 않는다

발굴 작업이 일단락되면 인양된 유물의 '보존 처리' 단계가 기다리고 있다. 수백 년 동안 물속에 잠들어 있던 유물은 언뜻 보면 큰 이상이 없어 보여도 공기에 접촉한 순간 형태가 무너져내리는 경우가 많다. 예를 들어, 선재로 쓰인 목재는 수중에서 두부처럼 말랑한데 물 밖으로 건져내면 건조해서 금방 부스러진다. 그렇게 되면 해저 보물선의 탐색과 발굴에 들인 노력, 시간, 비용 모두 물거품이 되고 만다. 그러므로 인양한 유물의 보존 처리는 매우 중요한 작업으로 인양한 유물을 약품 등으로 처리해 공기 중에서도 반영구적으로 형태를 보존할 수 있게 한다. 이 작업을 거쳐야 비로소 유물을 손에 들고 관찰할 수 있으며 박물관에도 전시할 수 있다.

보존 처리는 환경을 바꾸지 않는 것이 기본이다. 물속에 있었던 것은 물속에 넣어두는 것이 가장 좋다. 단, 바닷속에 있었던 것은 염분을 제거하는 탈염(脫鹽) 처리를 해야 한다. 그 경우에도 바로 담수에 담그는 것이 아니라 서서히 시간을 들여서 염분 농도가 낮은 물로 옮겨간다. 유물은 오랜 세월 동안 손상되기 쉬운, 매우 예민한 물체로 변화했기 때문에 환경 변화에 따른 부담을 최소한으로 해주어야 한다. 따라서 이 보존 처리는 특별한 기술과 지식을 가진 전문가가 세심한 주의를 기울여 진행해야 한다.

보존 처리 2 ─ 목재의 보존

바다에서 인양한 유물은 구체적으로 어떤 보존 처리를 할까? 유물의 조성별로 보존 처리 방법을 알아보자.

대표적인 유기물 유물은 보물선 선체의 목재다. 바닷물 속에 잠겨 있는 목재는 좀조개의 피해를 입는다. 좀조개는 길이 3cm 정도로 갯지렁이나 지렁이와 비슷하게 생겼다. 생물학적 분류로는 쌍각류(조가비가 두 짝인 조개를 통틀어 이르는 말─옮긴이)에 속한다. 이 좀조개는 바닷속 목재에 살면서 동시에 목재를 갉아먹는다. 특수한 효소로 식물의 세포벽과 섬유를 구성하는 셀룰로오스를 녹여 먹는 것이다. 단, 담수나 북해 같은 한랭한 바다에는 좀조개가 없다. 또, 목재가 해저의 모래에 완전히 묻혀버리면 공기가 차단되기 때문에 좀조개뿐 아니라 다른 박테리아로부터도 보호된다.

그렇기는 하지만 목재는 수중에 있다는 것만으로도 결정적인 타격을 입는다. 오랜 시간 수중에 있으면 셀룰로오스가 녹아버려 목재는 속이 텅 빈 상태가 된다. 그런데도 형태를 유지하는 것은 식물 세포의 세포벽만 남고 안은 물로 채워지기 때문이다. 그렇게 겉으로는 완벽해 보여도 건조 과정을 통해 세포벽에서 수분이 빠져버리면 바슬바슬 부스러진다.

인양한 목재를 상하지 않도록 보존하려면 물 대신 다른 물질로 세포를 채워주면 된다. 셀룰로오스와 성분이 비슷한 것이 좋다. 그래서 목재 보존에 사용되는 것이 폴리에틸렌글리콜(Polyethylene Glycol)이라는 특수한 당류다. 트레할로스(Trehalos)나 파라티노스(Paratinose) 같은, 인공감미료에 사용되는 이당류를 쓸 때도 있다.

이것들의 수용액을 만들어서 목재를 담근 다음 조금씩 농도를 높인다. 갑자기 농도를 높이면 약품이 목재 전체에 침투하지 않기 때문에 상태를 보면서 조금씩 신중하게 처리한다. 이 작업에만 때로는 몇 년이 걸리기도 한다. 유물의 크기가 크면 사용되는 약품의 비용도 무시할 수 없다.

그 외의 유기물 유물에는 밧줄, 가죽제품, 천, 식품, 동물의 뼈, 인골 등이 있다. 보존 처리 방식은 목재와 같다. 탈염 처리 후에 실리콘오일과 합성수지를 희석한 용액에 담근다. 크기가 작은 유물은 진공건조동결(Vaccum Freezing Drier) 처리를 하기도 한다.

보존 처리 3 — 쇠의 보존은 어렵다

다음은 무기물의 보존 처리다.

보물선에서 발굴되는 주요 무기물은 석기, 도자기, 유리, 금속 등이다. 석기나 도자기는 육상이나 수중이나 안정되어 있어서 보존 처리가 그다지 필요하지 않다. 그러나 표면의 작은 흠집이나 금에 소금이 스며들어 있을 가능성이 있어서 그대로 방치하면 균열이 진행되어 깨져버릴 위험이 있다. 만일을 위해서 탈염 처리를 하는 것이 무난하다. 탈염 처리는 물에 담가두는 것인데, 가능하면 빈번하게 물을 갈아주는 것이 좋다. 어디선가 들은 바로는 상수도를 비롯해 도시 기간 사업이 낙후된 지역에서 조사했던 한 연구자는 탈염 처리를 위한 대량의 물을 구할 수 없자 석기와 도자기 유물을 화장실의 변기 물통에 넣어두었다고 한다. 변기 물통은 빈번하게 물이 빠지고 채워지기 때문에 생각 외로 탈염 처리가 잘 되었던 모양이다. 사실 보존 처리에서 돈이 가장 많이 드는 것이 수도요금이다. 연구자금이 무한정 지원되는 것이 아니므로 절약할 수 있는 부분은 최대한 절약해야만 한다. 그런 의미에서 이 연구자의 아이디어에 경의를 표하고 싶다.

유리도 보물선에서 자주 인양되는 것 중 하나다. 인양된 상태로 방치하면 표면에서부터 조금씩 소금이 솟아나 작은 균열부터 깨진다. 탈염 처리 후에 실리콘오일과 합성수지 등으로 표면을 코팅해주는 것이 바람직하다.

보물선에서 발견되는 금속으로 가장 보존하기 쉬운 것은 금과 은이다. 이 둘은 매우 안정되어 있는 금속이고 금은 염산에도 녹지 않는다. 반대로 보존이 어려운 것이 양적으로 가장 많이 발견되는 철제로 수중에서 이온 반응에 의해 급속하게 부식하는데 그때 해수와 반응해 부풀어서 '컨크리션(Concretion)'이라고 하는 단단한 껍질 같은 것을 만든다. 튀김옷을 상상하면 된다. 산화가 진행되면 철제로 된 유물은 전부 부식되어 안은 텅 비게 된다. 동시에 컨크리션에 다른 유물이나 해저의 돌까지 뭉쳐지기 때문에 매우 골치 아픈 금속이다.

컨크리션이 되어버린 철제는 실리콘으로 형태를 떠서 원형을 복원하거나 컨크리션을 깨서 부식되지 않은 부분의 유물을 골라낸다. 철제가 완전히 산화되지 않은 경우에는 '전해환원법(電解還元法)'으로 부식의 원인인 산소를 완전히 제거한다. 알칼리 수용액에 철제로 된 유물을 담근 후 미세한 거품이 나올 정도로 전류를 흘린다. 그러면 부식된 부분이 벗겨져서 철제의 표면이 보인다. 손이 많이 가는 작업은 아니지만 커다란 대포의 경우에는 환원이 완료될 때까지 2~3년이 걸리기도 한다. 동을 환원하는 경우도 철제와 동일한 방법을 쓴다.

보존 처리 4 — 1척을 통째로 '샤워'

유물의 보존 처리에 대해서 이야기하면 "규모가 큰 유물은 어떻게 보존하는가?"라는 질문을 자주 듣는다. 당연한 의문이다. 예를 들어, 영국의 군함 '메리 로즈호'(길이 45m, 배수량 800t)와 스웨덴의 군함 '바사Vasa호'(길이 62m, 배수량 1,200t)는 통째로 인양했는데 어떻게 보존 처리를 했을까?

인양한 목재는 건조하게 두면 안 된다. 이 원칙은 유물이 작든 크든 똑같이 적용된다. 단, 배를 통째로 폴리에틸렌글리콜 용액에 담글 수 없으므로 배가 통째로 들어가는 체육관 같은 시설을 만들어 스프링클러를 사용해서 정기적으로 물을 뿌려준다. 탈염 처리가 끝나면 물에 폴리에틸렌글리콜을 조금씩 섞어 농도를 높여간다. 이렇게 하면 목재에 용제(溶劑)가 침투해 공기 중에서도 파손되지 않고 형태가 고정된다.

요즘은 스프링클러라는 문명의 이기를 사용함으로써 물과 약품을 효율적으로 쓸 수 있게 되었다. 그렇다고 해도 시간이 절약되지는 않는 것 같다. 1982년에 인양된 메리 로즈호는 2010년에도 아직 스프링클러 처리가 끝나지 않았다. 보존 처리 시설에서 일하는 고고학자는 상당한 인내심이 없으면 일할 수 없다.

한편 바사호도 박물관에 보존하기까지 20년 가까이 걸렸다. 처음에 스프링클러를 설치한 사람과 마지막에 제거한 사람과는 한 세대 차이가 날 가능성도 있다. 바사호 역시 인양된 지 반세기가 지났는데도 아직 모든 유물의 보존 처리가 끝나지 않고 아직까지 연구가 계속되고 있다.

한국의 신안 앞바다 보물선은 모든 부재를 해체해 보존 처리한 후 다시 원래대로 조립해 전시되었다. 이렇게 유물의 크기와 상태, 예산 상황에 따라서 그 보존 방법도 다양하다.

5장

새로운
진실을 찾아서

17세기 말 오만과의 해전에서 침몰한 포르투갈 배
'산토 안토니오 데 타나호'에서 유물을 인양하는 다이버.
(사진제공 : INA)

인류 역사의 수수께끼를 푸는
해저 보물선

    침몰된 보물선은 곧잘 타임캡슐에 비유된다. 침몰 당시의 모습과 시간이 그대로 봉인되어 있기 때문이다. 그 배에 타고 있던 사람들의 흔적과 싣고 있던 물건들은 배가 침몰된 순간, 영원히 정지해버렸기 때문이다.

    침몰된 보물선은 그 자체로 수중유물이다. 유적이라는 점에서 육상에서 발견된 오모리 패총(도쿄 도東京都, 오모리大森 역 인근에서 발견된 조몬繩文 후기의 패총. 1877년 미국의 모스가 발견하고 발굴해 일본 근대 고고학의 단서가 되었다─옮긴이), 토로 유적(시즈오카 현静岡県 토로登呂에 있는, BC 1세기경 야요이弥生 시대의 마을 유적. 1952년에 특별사적으로 지정되었다— 옮긴이) 등과 다르지 않다. 보물선이라는 유적과 마주하는 고고학자도 다른 유적들과 마찬가지로 고고학적 수법에 기초해 '발굴-보존-연구'한다.

그러나 수중유적은 육상유적에서 찾아볼 수 없는 이점을 갖고 있다. 보물선을 조사하면 육상유적에서는 볼 수 없는 것이 보인다. 육상유적에는 없는 수중유적 발굴의 장점은 다음의 3가지로 집약할 수 있다.

1. 유물의 보존 상태가 양호하다

유기물은 산소가 있는 상태에서 부패가 진행된다. 그래서 육상유적에서는 곡물·채소·과일·고기·어패류 등의 식료품, 마포(麻布)·면포·견, 가죽 등의 복식품, 목공품·대바구니·종이류 같은 생활 잡화는 전부 썩어버리고 없는 경우가 많다. 남아 있는 것은 석기나 토기 같은 무기물뿐이다.

그런데 수중유적의 경우는 수중의 산소 농도가 낮거나 염분 농도가 높아서 의외로 부패가 진행되지 않는다. 특히 수온이 낮은 고위도 지역의 바다나 해저의 모래에 묻혀 산소가 차단되면 유기물 부패는 거의 진행되지 않기 때문에 완벽에 가까운 형태로 남아 있다. 이렇게 해서 생활에 친숙한 여러 유기물이 원형에 가까운 상태로 발견되면 그 시대 사람들의 생활을 보다 구체적으로 알 수 있다.

2. 옛 사람들의 생활 필수품을 알 수 있다

육상에 만들어진 주거에 비해 배의 주거 공간은 매우 좁다. 선원한 명 당 할애되는 공간은 다다미 반 장 정도로 짐작된다(다다미 한 장의 크기는 약 90×180cm다―옮긴이). 그래서 생활에 필요한 최소한의 물건만 선내에 반입해야 한다. 보물선에서 누군가의 개인 소지품이 발견된 경우라면 그것은 현대인의 눈에 아무리 하찮은 것이라도 그 사람에게 꼭 필요한 물품이었을 것이다. 즉, 보물선에서 발견된 것은 전부 소지할 필요성이 있었던 물건으로 보아야 한다. 그것들을 통해 그 시대 사람들이 무엇을 중시하고, 무엇을 지키며, 무엇을 사용해 살았는지 알 수 있다.

3. 물건의 유통경로를 핀 포인트로 알 수 있다

육상의 유적은, 말하자면 사람들이 그곳에 정주했던 증거다. 한 가족이 주거를 만들어 아이를 낳고 그 아이가 성장해 또 아이를 낳는다. 그런 가족이 모여서 마을이 형성되고 도시가 만들어진다. 사람들은 그곳에서 수세대를 살았을 것이다. 그래서 육상유적에는 수년, 수십 년, 수백 년이라는 시간이 중첩해 있다. 그 유적에 어떤 유물이 남아 있든 그것은 사람들이 오랜 시간 살아온 결과의 퇴적물에 불과하다.

반면에 보물선은 항상 '이동 중'이다. 보물선이 어느 지역의 어느 지점에서 발견되었든 그 지점에 배가 몇 년간 계속 존재했던 것은 아니다. A지점에서 B지점으로 이동하는 과정에서 우연히 그곳에 침몰한 것뿐이다. 따라서 수중유적에서는 시간이 중첩되지 않는다. '몇 년 몇 월 며칠에 침몰했다'라는 정확한 목표지점, 핀 포인트의 시간만 있을 뿐이다. 좀 더 자세히 말하면, 그 위치는 어떠한 벡터(방향성)를 갖고 있다. 그 배는 A지점에서 B지점까지 사람이나 물건을 운반할 예정이었다. 결과적으로 이루어지지는 않았지만 말이다. 즉, 그때 운반했던 물건(보물선에서 발견된 것) 그리고 A지점과 B지점의 장소만 판명되면 그 시대의 A도시와 B도시를 연결하는 교역과 유통을 손쉽게 이해할 수 있다.

한 순간이 유적으로 남은 폼페이

지금까지 육상유적과 비교했는데, 육상유적이면서 수중유적과 비슷한 형태로 세부적인 것들이 그대로 남아 있는 유적도 있다. 바로 이탈리아의 폼페이 유적이다.

1세기 고대 로마 시대에 폼페이는 지금의 나폴리 근교에서 크게 번성한 인구 2만 명의 도시였다. 로마의 휴양지인 동시에 항구 도시로 상업도 발전했던 곳이다. 그러나 이 도시는 어느 날 갑자기 사라지고 말았다. 멀지 않은 곳에 위치한 베수비오 화산이 분화하여 도시 전체가 용암과 화산재에 묻혀버린 것이다. 기록에 의하면 대분화가 일어난 것은 79년 8월 24일로 다음날 도시 전체가 지상 5m까지 화산재로 뒤덮였다고 한다.

이후 1,600년 넘게 폼페이는 사람들의 기억 속에서 사라졌다. 그런데 1709년, 밭을 갈던 한 농부의 괭이 끝에 걸린 유물이 나타나면서 지하에 도시가 묻혀 있다는 것이 밝혀지게 되었다. 본격적인 발굴 조사가 시작된 것은 1748년이다. 이후 발굴 작업이 이루어지면서 신전, 극장, 공중목욕탕, 상점 등이 모습을 드러냈고 당시의 도시가 거의 완벽한 형태로 남아 있었다. 놀랍게도 건물에 그려진 벽화까지 당시의 선명한 색채를 그대로 유지하고 있었다. 어떤 집에서는 테이블에 갓 구운 빵까지 남아 있었다고 한다. 엄청난 두께로 쌓인 화산재가 건조제 실리카겔의 역할을 했기 때문에 유기물의 부식을 최대한 억제할 수 있었던 것이다.

폼페이 유적은 79년 8월 25일에 시간이 멈춰 있다. 마치 도시를 통째로 진공 포장하여 순간 냉동시킨 것처럼 말이다.

해저 보물선도 폼페이도 시간이 정지해 있다. 해저 보물선을 타임캡슐이라고 한 것도 그런 의미다. 약간 과장해서 말하면 수중유적은 과거의 어느 한때로 시간여행을 할 수 있는 타임머신이다.

역사의 수수께끼는 바닷속에 잠들어 있다

해저 보물선 발굴 조사에는 방대한 시간과 비용과 노력이 든다. 보물선의 발견부터 발굴과 보존 처리를 거쳐 박물관에 전시할 수 있을 때까지 평균 20년 넘는 시간이 걸린다. 또한, 막대한 비용이 소요된다. 가령, 영국의 군함 '메리 로즈호' 프로젝트에 투입된 금액은 3,500만 파운드(약 600억 원)에 이른다.

한 지인이 나에게 이런 질문을 던졌다. "그렇게까지 시간과 돈을 들여가며 보물선을 발굴·조사할 의미가 있는 것인가?" 수중고고학자인 나는 물론 "의미가 있다"고 대답했다. 해저 보물선은 인류 역사의 탐구에 있어 매우 중요한, 인류가 공유해야 할 문화유산이기 때문이다.

보물선은 과거의 인류, 즉 우리의 조상이 '언제, 어디서, 무엇을 했는지' 역사의 한 토막을 툭 잘라내어 생생하게 보여준다. 조상들이 남겨준 역사 유산은 세계 곳곳에 존재하는데, 해저 보물선 같은 형태의 역사 유산은 그 수가 많지 않아서 매우 귀중하다. 그리고 육상유적으로는 절대 알 수 없었던 사실까지 우리에게 가르쳐준다.

한 척의 해저 보물선이 가르쳐주는 역사적 사실은 인류의 오랜 역사에 비하면 하찮은 것이다. 그러나 너무도 생생하게 '순간의 사실'을 알려준다. 지구 면적의 70%가 바다로 되어 있고 한 통계 자료에 의하면 세계의 바다에는 아직 300만 척의 보물선이 잠들어 있다고 한다. 수중고고학의 역사는 50년 정도밖에 되지 않았다. 앞으로 계속 해저 보물선의 발굴 조사가 진행되면 '점'에 불과했던 정보가 '선'으로 이어지고, 인류 역사의 새로운 '한 면'을 보여줄 것이다.

예를 들어, 아틀란티스 대륙 전설처럼 인류 역사에는 아직 밝혀지지 않은 수수께끼가 많다. 어쩌면 그것들을 풀 수 있는 열쇠를 해저 보물선이 갖고 있지 않을까? 시베리아에서 1만 년 전의 매머드가 꽁꽁 언 상태로 발견되듯 바로 어제 침몰한 것처럼 보이는 수천 년 전의 배가 어느 날 갑자기 발견될 수도 있다.

보물 사냥꾼, 상업적 보물선 인양회사, 그리고 도굴범

수중고고학이 학문으로 확립된 지 50년. 선배들의 꾸준한 노력과 연구 개발로 지금은 많은 사람이 안전하면서도 효율적으로 보물선을 발굴할 수 있게 되었다. 과학기술의 발전으로 각종 음향측정기기와 심해 작업용 로봇이 개발되어 보물선 발견이 보다 쉬워졌다.

그러나 나는 이러한 현실에 일말의 불안을 갖고 있다. '누구나 간단히 보물선을 발견할 수 있게 되면 나쁜 생각을 갖는 사람도 늘지 않을까'라는 생각이 들어서다. 고고학을 전문적으로 배운 사람이 아니어도 충분한 자금만 있으면 보물선 탐색과 발굴을 할 수 있기 때문이다. 실제로 독자적으로 보물선을 발굴해서 인양한 유물을 희망자에게 고액에 판매하는 상업적인 보물선 인양회사도 존재한다. 그 중 한 곳은 뉴욕주식시장에 상장까지 되어 있다. 끊임없이 보물선을 쫓고 있는 보물 사냥꾼의 존재도 있다.

고고학은 물적 증거를 모아서 과거에 인류가 어떻게 생활했는지를 복원하는 학문이다. 연구의 많은 부분을 물적 증거, 즉 보물선으로 말하면 인양한 유물에 의존한다. 역사적으로 귀한 가치를 갖는 소중한 인류 문화 자산인 유물이 경매시장에서 한 명의 호사가에게 팔려버리면 연구자는 그것에 대해 어떤 연구도 할 수 없다. 그 유물을 통해 밝혀질 인류 역사의 사실도 동시에 영원히 묻혀버리고 말 것이다.

수중문화유산을 어떻게 지킬까

그렇다면, 인류 공통의 문화유산인 해저 보물선을 비롯한 수중유산을 어떻게 지킬까.

무엇보다 국가가 이 문제의 중요성을 인식하고 솔선수범해서 문제 해결에 힘써야 한다. 예를 들어 인도, 중국, 태국, 호주, 미국에서는 국가나 주 차원에서 수중유적의 자료를 수집 · 정리해 일괄적으로 관리한다. 중국에서는 중국국가박물관에 '수하고고학(水下考古

學)'이라는 부서가 신설되었다. 수중문화유산 보호가 발전한 이들 나라에서는 도굴 건수가 크게 줄고 있다.

수중유산을 위협하는 것은 도굴꾼만이 아니다. 극히 일상적인 어업으로 보물선이 파괴되는 경우도 있다. 특히 저인망 어업이 주로 이루어지는 해역에서 보물선의 보존 상태가 좋지 않다는 자료도 있다. 호안(護岸) 공사나 매립지 조성도 주의가 필요하다. 보물선의 대부분이 육지에서 가까운, 수심이 얕은 바다 밑에 가라앉아 있기 때문이다. 오랜 옛날부터 발달한 항구 인근의 얕은 여울이나 암초지대에는 지금도 많은 보물선이 잠자고 있다. 그런 곳에 예비조사를 하기 위해 갑자기 준설선(해저의 토사를 파내는 작업선―옮긴이)이 들어가 바다 밑을 난폭하게 휘젓는다면, 결과는 말할 필요도 없다. 또, 대도시권에서는 여전히 강가나 해안가의 건물이 인기가 있는데, 인공적으로 개발된 그런 지역의 고층 아파트 중 몇 동은 고대의 보물선 위에 지어졌을 가능성도 있다.

물론 어업관계자나 토목업자들이 악의를 갖고 그런 것은 아니다. 단지 그곳에 귀중한 문화유산이 잠자고 있을지도 모른다는 것을 미처 알지 못할 뿐이다. 그렇기 때문에 수중문화유산 보호의 필요성을 많은 사람이 인식해야 한다.

일본의 경우는 먼저, 현재의 문화재보호법의 적용범위를 수중까지 확대해야 한다(한국은 문화재보호법의 적용 범위가 수중까지 확대·적용되어 있다―감수자). 토목공사 전에 의무화되어 있는 매장 문화재에 관한 사전 조사를 준설 공사나 호안 공사 때도 의무화 하면 된다. 또, 지방자치단체의 담당자와 지역 주민에게도 이 문제의 중요성을 인식시켜야 한다.

앞서 언급했듯이 유네스코에서는 이미 '수중문화유산 보호조약'을 총회에서 채택했고 20개국 이상이 비준을 했기 때문에 조약 자체는 2009년 1월부터 발효되었다. 그러나 배타적 경제수역을 둘러싸고 의견이 일치하지 않아서 미국과 영국, 그리고 일본도 아직 조약의 비준에는 이르지 못하고 있다.

바다를 사랑하는 모든 이에게

오호츠크해, 태평양, 동해, 동중국해. 일본은 사방이 바다로 둘러싸인 섬나라다. '해외(海外)'라는 말이 그대로 외국을 가리키는 것도 일본이 바다로 둘러싸여 있기 때문이다. 일본의 역사를 살펴보면 바다와 관련된 사실이 무척 많다.

조몬인(繩文人, BC 13000~300)은 바다와 함께 살며 오모리 패총을 남겼다. 야요이인(弥生人, BC 300~AD 300)에게 쌀농사를 전한 것은 대륙에서 바다를 건너온 사람이었을 것이다.

수중고고학자로서 한마디 하고 싶다. 일본은 앞으로도 일본 고유의 해양자원을 효과적으로 활용해 나가기 위해 다양한 조사를 실시할 것이다. 그때 정부는 해저 보물선 등의 수중문화유산도 일본의 귀중한 해양자원이라는 인식을 가져야만 한다. 해양자원을 조사할 기회가 있다면 수중문화유산도 동시에 조사해야 한다.

그렇다고 해서 특별한 예산이 필요한 것은 아니다. 사실 천연가스 매장량 같은 해양자원 조사나 수중고고학의 사전 조사는 기본적으로 같다. 사용 장비나 기술에 큰 차이가 없기 때문에 해양자원 조사에 고고학자가 몇 명 입회하면 보물선 조사까지 동시에 할 수 있다.

해저 자원 개발이 수중문화유산의 발견으로 이어진 좋은 예로, 미국·멕시코 만의 유전개발을 들 수 있다. 2010년 원유 유출사고로 인해 나쁜 의미에서 유명해진 바로 그 유전이다. 현재 멕시코 만에는 석유와 천연가스를 채굴하는 플랫폼이 4,000여 개나 존재하고, 채굴된 석유와 천연가스는 해저의 파이프라인을 통해 육지로 운반된다. 이 파이프라인을 깔기 위해 라인 하나하나에 대해 수중문화유산에 관한 사전 조사가 의무화되어 있다. 사전 조사에 드는 비용은 전부 석유회사가 부담한다. 이 파이프라인 공사 덕분에 멕시코 만 해저에서는 이미 2,000건의 수중문화유적이 발견되었다. 이것은 참으로 굉장한 숫자다. 보물선뿐 아니라 옛날에는 육지였던 곳이 바다가 되어 발생한 수몰유적도 많이 발견되었다.

마지막으로 책의 제목에 대해서 한마디하자. '해저 보물선'과 '세계사'를 주제로 했는데 인도양과 남아시아의 것에 대해서는 거의 소개하지 못했다. 이것은 이 지역에서 보물선의 발견 예가 아직 적기 때문이다. 수중고고학이 조사하고 연구하는 지역은 아직 편차가 크다. 수중고고학 선진국은 적지만 앞으로 이 학문이 발달하면 새로운 세계의 역사가 드러날 것이다. 중국과 아랍 상인은 유럽이 바다에 관심을 갖기 전부터 넓은 바다를 사용해서 교역을 했다. 그리고 발견하지 못한 해저 보물선은 아직도 많다.

지금 이 책을 읽는 여러분 가운데 새로운 발견의 주인공이 나올지도 모른다. 세계의 보물선 대다수가 바다에 관심과 흥미를 가진 평범한 사람들에 의해 발견되었기 때문이다. 앞으로 바다에 갈 기회가 있을 때마다 수중고고학에 대해 생각해주기 바란다. '바다를 소중히 지키자'는 말에는 그곳에 있는 수중문화유산도 포함된다.

어업 관계자, 해양개발 관계자, 스포츠 다이버, 낚시를 즐기고 바다를 사랑하는 모든 사람들이 수중유적 발견을 위해 협력해주기를 간절히 희망한다.

주요 참고문헌

『海の底の考古学』著: 井上たかひこ (舵社 · 2010)

『海難の世界史』著: 大内健二 (成山堂書店 · 2002)

『海の歴史事典 コンパクト版』著: Attilio Cucari, Enzo Angelucci (原書房 · 2002)

『船の歴史文化図鑑』著: ブライアン · レイヴァリ (悠書館 · 2007)

『松浦市鷹島海底遺跡』松浦市文化財調査報告書 第2集 (長崎県松浦市教育委員
　　会 · 2008)

『蒙古襲来—その軍事史的研究』著: 太田弘毅 (錦正社 · 1997)

日本の中世 (9)『モンゴル襲来の衝撃』著: 佐伯弘次 (中央公論新社 · 2003)

A History of Seafaring based on Underwater Archaeology, Bass G., Walker and
　　Company, 1972

Beneath the Seven Seas, Bass G., Thames & Hudson, 1997

Boats of the World, McGrail, Oxford University Press, 2004

Encyclopedia of Underwater and Maritime Archaeology, Yale University Press, 1997

The Sea Remembers, Throckmorton P., Weidenfeld & Nicholson, 1987

The Origin of the Lost Fleet of the Mongol Empire, Sasaki R., M.A. Thesis Texas A&M University, 2008

Three Victories on the Bach Dang River, Lê H.N., Culture—Information Publishing House, 2003

Wooden Shipbuilding and Interpretation of Shipwrecks., Steffy R., Texas A&M University Press, 1994

『新安船 The Shinan Wreck』(國立海洋遺物展示館 · 2006)

『韓國의 船』著: 金在瑾 (서울大學校出版部 · 1994)

『蓬萊古船』著: 蓬萊市文物局 (文物出版社 · 2006)

수중고고학, 타임캡슐을 건져올리다

해저 보물선에 숨겨진
놀라운 세계사

초판 1쇄 발행 2014년 2월 25일

글 랜달 사사키
옮긴이·기획 홍성민
감수 문환석(국립해양문화재연구소)

펴낸이 김현숙 김현정
펴낸곳 공명
출판등록 2011년 10월 4일 제25100-2012-000039호
주소 152-859 서울시 구로구 구로중앙로32가길 10-2, 202호
전화 02-3664-6277 | **팩스** 02-3664-6278
이메일 gongmyoung@hanmail.net
블로그 http://blog.naver.com/gongmyoung1
ISBN 978-89-97870-05-9 04000
ISBN 978-89-97870-04-2 (세트)

이 도서의 국립중앙도서관 출판시도서목록(CIP)은 서지정보유통지원시스템
홈페이지(http://seoji.nl.go.kr)와 국가자료공동목록시스템(http://www.nl.go.kr/kolisnet)에서
이용하실 수 있습니다. (CIP제어번호: CIP2014004422)